Seeverkehrsmärkte im
wettbewerbspolitischen Wandel

Europäische Hochschulschriften

Publications Universitaires Européennes
European University Studies

Reihe V
Volks- und Betriebswirtschaft

Série V Series V
Sciences économiques, gestion d'entreprise
Economics and Management

Bd./Vol. 2904

PETER LANG
Frankfurt am Main · Berlin · Bern · Bruxelles · New York · Oxford · Wien

Ullrich Hautau

Seeverkehrsmärkte im wettbewerbspolitischen Wandel

Dargestellt am Beispiel der Container-Linienschifffahrt auf der Nordatlantik- und Fernost-Route

PETER LANG
Europäischer Verlag der Wissenschaften

Die Deutsche Bibliothek - CIP-Einheitsaufnahme

Hautau, Ullrich:

Seeverkehrsmärkte im wettbewerbspolitischen Wandel : dargestellt am Beispiel der Container-Linienschifffahrt auf der Nordatlantik- und Fernost-Route / Ullrich Hautau. - Frankfurt am Main ; Berlin ; Bern ; Bruxelles ; New York ; Oxford ; Wien : Lang, 2002
(Europäische Hochschulschriften : Reihe 5, Volks- und Betriebswirtschaft ; Bd. 2904)
Zugl.: Bremen, Univ., Diss., 2002
ISBN 3-631-39463-2

D 46
ISSN 0531-7339
ISBN 3-631-39463-2

www.peterlang.de

Inhaltsverzeichnis

Abbildungsverzeichnis

Tabellenverzeichnis

Abkürzungsverzeichnis

ACL	Atlantic Container Line
AF	Afrika
APL	American President Lines
AUNZ	Australien-Neuseeland
Bd.	Band
bhp	Brake horsepower
BLG	Bremer Lagerhaus-Gesellschaft
Bolt	Bolt Orient Line
bzw.	beziehungsweise
ca.	circa
Cast	Cast Line
CGM	Compagnie Generale Maritime
Cho Yang	Cho Yang Shipping Company
CI	Containerisation International
CIF	cost, insurance, freight
CM	Canada Maritime
CMA	Compagnie Maritime d'Affretement
Cont.	Container
Contship	Contship Containerlines
Cosco	Cosco Container Lines
c.p.	ceteris paribus
CT	Containerterminal
DM	Deutsche Mark
DSR Senator	DSR Senator Lines
EG	Europäische Gemeinschaft
E-Med	Europa-Mittelmeer
et al.	et alii

etc.	et cetera
EU	Europäische Union
Evergreen	Evergreen Marine Corporation
EWG	Europäische Wirtschaftsgemeinschaft
f.	folgende Seite
FC	Fully connected
FCL	Full container load
FE	Fernost
FEFC	Far Eastern Freight Conference
FEU	Fourty Foot Equivalent Unit
ff.	folgende Seiten
FMC	Federal Maritime Commission
FOB	Free on board
GB	Großbritannien
GmbH	Gesellschaft mit beschränkter Haftung
ha	Hektar
Hanjin	Hanjin Shipping Company
Hapag-Lloyd	Hapag-Lloyd Container Linie
HHI	Hirshman-Herfindahl-Index
HMM	Hyundai Merchant Marine
Hrsg.	Herausgeber
HS	Hub-and-spoke
I	Indischer Subkontinent
Independent	Independent Container Line
ISL	Institut für Seeverkehrswirtschaft und Logistik
Jg.	Jahrgang
Kfz	Kraftfahrzeug
KGaA	Kommanditgesellschaft auf Aktien
K-Line	Kawasaki Kisen Kaisha

kn	Knoten
Lkw	Lastkraftwagen
LSE	Lloyd's Shipping Economist
LT	Lloyd Triestino di Navigazione
Lykes	Lykes Lines
m	Meter
Maersk	Maersk Line
Marfret	Compagnie Maritime Marfret
ME	Mittlerer Osten
MDO	Marine diesel oil
MFO	Marine fuel oil
mind.	mindestens
Mio.	Million
MISC	Malaysian International Shipping Corporation
MOL	Mitsui O.S.K. Lines
Mrd.	Milliarde
MSC	Mediterranean Shipping Company
NL	Niederlande
NOL	Neptune Orient Lines
Norasia	Norasia Line
Nr.	Nummer
N/S	Nord-Süd
NTB	North Sea Terminal Bremerhaven
NVOCC	Non-Vessel-Operating-Common-Carrier
NYK	Nippon Yusen Kaisha
OCL	Overseas Containers Limited
OOCL	Orient Overseas Container Line
OSRA	Ocean Shipping Reform Act
OTI	Ocean Transportation Intermediaries

o.V.	ohne Verfasser
p.a.	pro annum
P&O	Peninsular & Oriental Steam Navigation Company
P&O Nedlloyd	P&O Nedlloyd Container Line
RTW	Round-the-World
$	Dollar
S.	Seite
SAM	Südamerika
Sea-Land	Sea-Land Service Incorporated
Sinotrans	Sinotrans Container Line
SLCS	St. Lawrence Coordinated Service (CM, OOCL)
t	Tonne
TAA	Trans-Atlantic Agreement
TACA	Trans-Atlantic Conference Agreement
tdw	tons deadweight
TEU	Twenty Foot Equivalent Unit
THC	Terminal Handling Charges
TMM	Transportacion Maritima Mexicana
tpd	tons per day
Tricon	Tricontinental Service (Cho Yang, DSR-Senator)
Tsd.	Tausend
u.a.	unter anderem
UASC	United Arab Shipping Company
Unithai	Unithai Line Public
US	United States
USA	United States of America
USEC	United States East Coast
USWC	United States West Coast
u.U.	unter Umständen

Vgl.	Vergleiche
Vol.	Volumen
VSA	Vessel Sharing Agreement (P&O Nedlloyd, Sea-Land, OOCL)
WR	Wachstumsrate
Yangming	Yangming Marine Transport Corporation
z.B.	zum Beispiel
Zim	Zim Israel Navigation Company
z.T.	zum Teil

1 EINLEITUNG

Die Seeschifffahrt ist der bedeutendste Verkehrsträger im internationalen Warenaustausch. Etwa zwei Drittel aller Welthandelsgüter werden über Seewege befördert. Damit ist der Seetransport ein elementarer Bestandteil der Weltwirtschaft. Im Jahre 1999 belief sich die Menge der weltweit seewärtig beförderten Güter auf etwa 5,1 Mrd. Tonnen.

Bis Mitte der sechziger Jahre wurde der Seetransport von Stückgütern konventionell mit heterogenen Ladungseinheiten abgewickelt, wodurch weitergehende Mechanisierungen und Skalenvorteile sowohl bei den Seeschiffen als auch im Hafenumschlag verhindert wurden. Im Jahre 1966 wurden durch die Aufnahme des interkontinentalen Containertransports mit Vollcontainerschiffen von Port Newark nach Rotterdam, Bremerhaven und Grangemouth durch die Reederei Sea-Land die Voraussetzungen für einen technologischen „Quantensprung" im Seeverkehr geschaffen.

Für die **Seehäfen** hatte und hat die Dynamik des Containerverkehrs erhebliche Anpassungsprozesse zur Folge. Die zunehmenden Schiffsgrößen erfordern einerseits nautische, infrastrukturelle und suprastrukturelle Anpassungen. Andererseits wurde der Container zur Basis automatisierter Gütertransportketten und trug entscheidend zu ihrer Industrialisierung bei. Seine Normierung minimiert den notwendigen Arbeitsaufwand an den Schnittstellen des Verkehrs. Die hoch mechanisierte Umschlagtechnik veränderte die Seehäfen zu einem kapitalintensiven industrialisierten Sektor des Gütertransports. Die Rationalisierung des Umschlags sowie die intensive Konkurrenz der Seehäfen führte in der Vergangenheit zu erheblichen Wertschöpfungsverlusten in diesem Dienstleistungssegment, schuf andererseits jedoch neue Wertschöpfungsquellen in nachgelagerten Bereichen.

Für die **Reedereien** wurden durch die Industrialisierung der Stückgut-Schifffahrt bedeutsame wettbewerbspolitische Veränderungsprozesse ausgelöst. Die Vergrößerung der Seeschiffe und die damit verbundene höhere Kapitalbelastung führte die Unternehmen in die Massenproduktion mit steigenden Auslastungsproblemen. Lediglich einige Großreedereien waren in der Lage, diese Umstellungsprozesse im Alleingang durchzuführen. Andere versuchten, durch Kooperationen und Konzentration einen regelmäßigen Containerdienst aufrechtzuerhalten und das Auslastungsrisiko zu vermindern. Die Welle der Konzentrationen in der Seeschifffahrt hält bis heute an und wird sich auch weiter fortsetzen.

Die strategische Ausrichtung der Reedereien hat mit der Einführung der Containerschifffahrt einen erheblichen wettbewerbspolitischen Wandel durchlaufen:

- Durch den Einsatz größerer Seeschiffe wird eine weitere Kostendegression durch Skalenvorteile erreicht, wodurch die Massenproduktion weiter forciert wird. Im Rahmen des Container-Slot-Management steht dabei das Seeschiff im Zentrum der Aktionen. Wettbewerbsstrategisch erfolgt durch Bildung von Konferenzen und Konsortien eine Absicherung auf den relevanten Seeschifffahrtsmärkten, die durch entsprechende Gruppenfreistellungen sanktioniert werden.
- Die hohe Kapitalbindung erfordert eine hohe Auslastung der Seeschiffe. Dies erfordert die Kontrolle über die gesamte Transportkette, wodurch sich die Reedereien mittels vertikaler Integration zu multimodalen Transportkonzernen entwickeln. Im Mittelpunkt dieser so genannten Container-Flow-Management-Strategie steht die systematische Rationalisierung der Transportkette. Dabei wird versucht, Binnentarife für multimodale Verkehrsleistungen im Landverkehr kollektiv festzulegen. Die wettbewerbspo-

litische Absicherung dieser Strategie stößt jedoch bisher auf den Widerstand der EU-Kommission.

- Die Seehäfen sind aus Sicht der Schifffahrt im heutigen industrialisierten Transportsystem lediglich Elemente in einem komplexen logistischen Geschehen, die regional (z.B. innerhalb der Hamburg-Antwerpen-Range) bei gleichem Dienstleistungsangebot nahezu beliebig austauschbar sind. Diese globale Sichtweise reicht vom Verlader im Hinterland über den Landtransport bis zum Hafen, von dort über See in den Bestimmungshafen, der wiederum nur Durchgangsstation für den Weitertransport ins Hinterland zum Empfänger ist.
- Die zunehmende Marktmacht der Großreedereien gegenüber den Seehäfen wird u.a. dahingehend genutzt, durch Kapitalbeteiligung eigene Umschlagterminals in den Seehäfen zu errichten und zu betreiben oder sich von den Hafenunternehmen so genannte Dedicated Terminals auf deren Umschlaganlagen reservieren zu lassen. Die Großreedereien übernehmen damit auch sukzessive die operative Kontrolle der logistischen Schnittstellen in der Transportkette und verschaffen sich zusätzliche Vorteile gegenüber Wettbewerbern.

Zielsetzung dieser Arbeit ist es zunächst, den durch die Containerisierung ausgelösten Industrialisierungsprozess in der Transportwirtschaft in seinen generellen Auswirkungen auf die Seeverkehrs- und Seehafenmärkte zu analysieren und zu bewerten. Als Beispiel soll dazu der Nordatlantik-Containerverkehr herangezogen werden, der in diesem Prozess über längere Zeit eine wichtige Vorreiterrolle eingenommen hat. Als weiteres Fallbeispiel soll der Fernost-Containerverkehr in die Untersuchung einbezogen werden, da dieser durch die starke asiatische Außenseiterkonkurrenz eine besondere wettbewerbspolitische Stellung hat.

Vor dem Hintergrund der Konzentrationsprozesse auf den Seeverkehrsmärkten und der damit verbundenen Zunahme der Marktmacht der Großreedereien gegenüber Verladern und Seehafendienstleistern bildet die Linienschifffahrt hierbei einen besonderen Schwerpunkt der Untersuchung. Der Wettbewerb der Anbieter ist hier anders als bei anderen Formen der Seeschifffahrt Gegenstand von Selbstregulierung durch Linienschifffahrtskonferenzen und Konsortien. Dadurch sollen Frachtraten stabilisiert, eine bestimmte Servicequalität garantiert und eine Auslastung der Schiffe sichergestellt werden.

Weitere Zielsetzung dieser Untersuchung ist es, die hiermit verbundenen wettbewerbspolitischen Fragestellungen aufzuarbeiten und einer fundierten Bewertung zu unterziehen. Dies betrifft insbesondere die wettbewerbspolitischen Rahmenbedingungen der Linienschifffahrt, die durch verschiedene EU-Verordnungen sowie den US-Shipping Act geregelt werden.

Zunächst werden in einem einführenden Grundlagenkapitel die **Rahmenentwicklungen des Containerverkehrs** der letzten Jahrzehnte aufgezeigt. Dies beinhaltet die Analyse der Interdependenz zwischen Transportkosten und internationaler Arbeitsteilung, die Entwicklung der Containertransportströme und die damit einhergehende Bildung globaler Angebotsstrukturen in der Container-Linienschifffahrt.

In einem Zeitraum von 30 Jahren verlief die Entwicklung der Schiffsgröße von den Containerschiffen der 1. Generation mit 1.000 TEU zu den heutigen Super-Post-Panamax-Schiffen mit mehr als 7.000 TEU. Die Analyse der damit einhergehenden ökonomischen Problematik der optimalen Schiffsgröße sowie der Dichte- und Skalenvorteile größerer Ladekapazitäten soll die betriebswirtschaftliche Dimension dieser Entwicklung aufzeigen.

Die Marktdurchdringung der Containerverkehre erzwang eine nicht vorhersehbare Anpassung der Terminals. In einem formalen Modell sollen die theoretischen Determinanten des Hafenwettbewerbs dargestellt werden. Für die wichtigsten im Nordatlantik- und Fernost-Containerverkehr eingebundenen Seehäfen soll aufgezeigt werden, welche infra- und suprastrukturelle Anpassungen durchgeführt wurden oder noch durchzuführen sind, um ihre Wettbewerbsfähigkeit zu sichern. Zudem sollen Möglichkeiten zur Produktivitätssteigerung im Hafen aufgezeigt werden, damit die Containerschiffe der Super-Post-Panamax-Klasse auch weiterhin effizient abgefertigt werden können.

Die Containerisierung des Seeverkehrs führte letztlich auch zu einem technologischen Wandel der landseitigen Logistik durch den Aufbau von Transportketten. Zunächst erfolgt eine theoretische Analyse alternativer Transportnetzwerke. Für die betrachteten Fahrtgebiete soll dargestellt werden, welche Landverkehrsträger beim Aufbau von Hinterlandverkehren in multimodale Land-See-Transportketten eingebunden sind und welche Verkehrsträger dabei dominieren. Weiterhin soll der Aufbau von Container-Feederdiensten und Transhipment-Verkehren im Rahmen von Hub-and-Spoke-Konzepten analysiert werden.

Einen nächsten Schwerpunkt bildet die **Analyse der Markt- und Wettbewerbsstrategien der Linienreedereien** seit Beginn des Containerverkehrs. Bei der Untersuchung des strategischen Verhaltens auf den Seeverkehrsmärkten soll zunächst eine Untersuchung der horizontalen Kooperationen erfolgen, die sich im Wesentlichen aus den in der Vergangenheit gebildeten Konferenzen, Konsortien und strategischen Allianzen zusammensetzen. Kapazitätskonzentrationen auf der Nordatlantik- und Fernost-Route werden mit Hilfe statistischer Konzentrationsmaße (Hirshman-Herfindahl-Index) aufgezeigt. Die hieraus resultierenden Preis- und Marktstrategien werden mikroökonomisch mit spieltheoretischer Fundierung analysiert.

Die Kontrolle der Landtransportketten ist eine unmittelbare Komplementärstrategie der Reedereien seit Beginn der Containerisierung. Es ist daher einerseits zu untersuchen, wie eine solche Organisation multimodaler Transportketten erfolgt. Weiterhin soll anhand der Erlös- und Kostenstrukturen einer Containertransportkette aufgezeigt werden, inwiefern ein Vordringen der Reeder in die Landtransportmärkte auch profitabel erscheint. Abschließend soll analysiert werden, welche Wirkungseffekte aus der integrierten Preisgestaltung der Reedereien resultieren.

Die daran anschließende Analyse des Marktverhaltens auf den Seehafenmärkten beinhaltet einerseits die Untersuchung der Routing-Strategien der Linienreedereien. Die Marktposition der Reedereien gegenüber den Seehäfen erweitert sich in zunehmendem Maße zu einer Privilegierungsstrategie hinsichtlich der Errichtung eigener Umschlagterminals bzw. einer bevorzugten Terminalnutzung, was hier im Rahmen einer vertikalen Integration in den Terminalbetrieb u.a. theoretisch dargestellt wird. Zuletzt sollen im Rahmen von Terminal-Lease-Strategien verschiedene Aspekte der Vertragsgestaltung bei der Verpachtung von staatlich vorfinanzierter Terminalinfrastruktur diskutiert werden.

Im vierten Kapitel dieser Arbeit soll eine **Analyse der Wettbewerbsstrukturen in der Weltcontainerschifffahrt** durchgeführt werden. Hierzu ist zunächst erforderlich, die wettbewerbspolitischen Rahmenbedingungen der Seeverkehrsmärkte nach dem europäischen und dem US-amerikanischen Wettbewerbsrecht darzulegen. Hierbei handelt es sich einerseits um die kartellrechtliche Gruppenfreistellung für Linienkonferenzen und Konsortien gemäß der Verordnung (EWG) Nr. 4056/86 und der Verordnung (EG) Nr. 870/95. Andererseits sind auch die kartellrechtlichen Bestimmungen des US-Shipping Act von 1984 sowie des Ocean Shipping Reform Act von 1998 zu erörtern.

Im zweiten Abschnitt dieses Kapitels werden dann adäquate wettbewerbstheoretische Oligopolmodelle dargestellt und diskutiert, um die Wettbewerbssituation auf den relevanten Container-Schifffahrtsmärkten auch von der theoretischen Seite her betrachten zu können. Es ist dabei allerdings zu berücksichtigen, dass theoretisch determinierte Marktergebnisse grundsätzlich nicht konkret normierbar sind, da es sich bei Wettbewerbsprozessen um offene Prozesse handelt,[1] die dem Einfluss auch nicht modell-impliziter Variablen unterliegen. Aus diesem Grunde sollen empirische Beobachtungen im Rahmen der Entwicklung der Marktstrukturen, der dynamischen Transportkapazitäten sowie der Frachtraten zur Klärung beitragen, inwiefern sich die Marktergebnisse im Zusammenhang mit den wettbewerbspolitischen Rahmenbedingungen im Zeitablauf verändert haben.

---

1 Vgl. BARTLING (1980), S. 24.

2 RAHMENENTWICKLUNGEN DES CONTAINERVERKEHRS

In diesem einführenden Grundlagenkapitel soll zunächst die globale Entwicklung des Weltseecontainerverkehrs aufgezeigt werden. Hierbei wird die Rolle der Transportkosten auf die internationale Arbeitsteilung theoretisch analysiert. Des Weiteren sind die regionalen Entwicklungen der Containertransportströme sowie die damit einhergehende Bildung globaler Angebotsstrukturen seitens der Reedereien zu untersuchen.

Die Innovationsziele des Containerschiffbaus seit der Ausweitung des Containerverkehrs konzentrieren sich vornehmlich auf die Entwicklung größerer Containerschiffseinheiten. Aus diesem Grunde sind die tatsächlichen Größenentwicklungen der Vollcontainerschiffe darzustellen. In einem Modell wird anschließend der Einfluss ökonomischer und technischer Parameter hinsichtlich der optimalen Schiffsgröße analysiert. Im Rahmen des erst Mitte der neunziger Jahre vollzogenen Größensprungs vom Panamax-Schiff bis hin zu den heutigen Super-Post-Panamax-Schiffen werden indikative Kostenvorteile dieser neuen Generation von Containerschiffen veranschaulicht.

Die Entwicklung immer größerer Super-Post-Panamax-Schiffe stellt zunehmende Herausforderungen bezüglich der Wettbewerbspositionen der Terminals in den Containerhäfen. Einerseits müssen enorme infra- und suprastrukturelle Anpassungen seitens der Häfen erfolgen, um die großen Schiffe überhaupt aus technischer Sicht abfertigen zu können. Andererseits sind aber auch nachhaltige Produktivitätssteigerungen zu leisten, damit die Skalenvorteile beim Transport auf See nicht wieder beim Terminalhandling verloren gehen.

Die Containerisierung des Seeverkehrs sowie der zunehmende Einsatz größerer Schiffe führte auch zu einem Wandel der Transportnetzwerke innerhalb der Containertransportkette. In diesem Zusammenhang sind zum einen die Containerhinterlandverkehre, aber auch der Aufbau von Feeder-Diensten mit Hilfe von Hub-and-Spoke-Systemen zu analysieren.

2.1 Entwicklung des Weltseecontainerverkehrs

Die internationale Arbeitsteilung hat sich in der Vergangenheit in dem Maße entwickelt, wie es gelang, die Transportkosten zu senken und damit gleichzeitig die ökonomischen Entfernungen zu reduzieren. Die seit langer Zeit zu beobachtende relative oder sogar absolute Senkung der Transportkosten im Seeverkehr ist einerseits Ursache, andererseits aber auch Folge der zunehmenden internationalen Verflechtung der Staaten. Der technische Fortschritt im Seeverkehr, insbesondere seit Beginn der Containerschifffahrt, verringert die Transportkosten, erweitert die Märkte und stimuliert damit mittel- und langfristig die Nachfrage nach Seeverkehrsleistungen. Hierdurch wird der Übergang zu stückkostensenkenden größeren Schiffen möglich, wobei im Wettbewerb durch bessere Ausnutzung der Kapazitäten weitere relative Preissenkungen im Weltseeverkehr zu erwarten sind. Die Wechselwirkungen zwischen sinkenden Transportpreisen sowie intensivierter internationaler Arbeitsteilung haben wesentlich zu einer entscheidenden Erhöhung der Faktorproduktivität in den entwickelten Volkswirtschaften beigetragen. Die heutigen Möglichkeiten der schnellen und weltweiten Information über alternative Bezugs- und Absatzmöglichkeiten wirken bei vorhandener Transportmöglichkeit preisangleichend und international wettbewerbsbelebend.[2]

---

2 Vgl. HAMM (1988), S. 239.

2.1.1 Transportkosten und internationale Arbeitsteilung

Das Vorhandensein von Transportkosten bietet einem Produzenten gegenüber an anderen regionalen oder internationalen Standorten agierenden Unternehmen einen Wettbewerbsschutz, der in seiner Wirkung einem Schutzzoll gleichzusetzen ist. Ein Sinken der Transportkosten reduziert diesen Wettbewerbsschutz und zwingt Unternehmen, die unter vergleichsweise ungünstigen Standortbedingungen produzieren, produktivere Faktorkombinationen zu realisieren oder Standortverlagerungen durchzuführen. Andererseits erhöhen sinkende Transportkosten an vergleichsweise günstigen Standorten die Chance, zusätzliche Kostenvorteile zu erschließen und somit die Wettbewerbsfähigkeit zu verbessern. Diese und weitere Wirkungen sinkender Transportkosten auf die internationale Arbeitsteilung sollen im Folgenden näher analysiert werden.[3]

Es sei angenommen, dass das Land A mit Land B[4] Handel treibt, wobei selbstverständlich Transportkosten anfallen. Sinken nun die Transportkosten zwischen den Ländern A und B, so wird zusätzlicher Handel induziert. Diese zusätzliche Handelsschaffung kann man auf die Ausnutzung eines Tauschpotenzials zurückführen, welches wegen vergleichsweise hoher Transportkosten zwischen A und B nicht ausgeschöpft wurde. Ein zusätzlicher Güteraustausch zwischen den Ländern A und B kann nun dadurch generiert werden, dass die Transportkosten zwischen A und B sinken.[5]

Mit Hilfe einer statisch-komparativen Partialanalyse können die Effekte einer Transportkostensenkung anhand der Abbildung 1 dargestellt werden. Die

---

3 Die folgende Analyse wird dabei in Analogie zur Theorie der Zollwirkungen durchgeführt und auf die Fragestellungen der Verkehrswirtschaft übertragen.

4 Das Land B kann hier auch den "Rest der Welt" modellhaft repräsentieren.

5 Vgl. ähnlich CAVES / JONES (1973), S. 295.

Kurve NN bezeichnet die Nachfragekurve, AA die Angebotskurve von Land A. Die Kurve B+T repräsentiert das Angebot von Land B zuzüglich Transportkosten in Höhe von T. BB bzw. B+T sei die vollkommen elastische Angebotskurve für Land B einschließlich Transportkosten. Aus dem Verlauf der Angebotskurven folgt, dass Land A den Weltmarktpreis nicht beeinflussen kann. Das Land A wird nun die Menge x_2 produzieren, die Menge x_3 nachfragen und die Menge x_3-x_2 aus Land B importieren. Die Transportkosten sind durch die Vierecke (2) und (4) dargestellt. Es sei angenommen, dass die Transportkosten vollständig dem Land A als Erlöse zufallen (z.B. wenn die Transporte ausschließlich durch Unternehmer des Landes A durchgeführt werden). In dieser Ausgangssituation erleidet das Land A wegen der hohen Transportkosten einen Wohlfahrtsverlust, der durch die Summe der Dreiecke RTS sowie UVW gekennzeichnet ist.[6]

Erreicht das Land B nun beispielsweise aufgrund technologischer Fortschritte oder Verbesserung der Verkehrsinfrastruktur eine Senkung der Transportkosten, so wird Land B gemäß der unterstellten Kurvenverläufe konkurrenzfähig, da nun die relevante Angebotskurve B+T' (geringere Transportkosten) in einer günstigeren Position liegt als die Angebotskurve B+T. Das Land A verringert seine Produktion auf x_1 und erhöht seine Nachfrage auf das Niveau x_4, woraus ein Import in Höhe der Menge x_4-x_1 resultiert. Folglich entsteht ein zusätzlicher Außenhandel zwischen den Ländern A und B (zusätzliche Importe von Land A). Land A kann seine Konsumentenwohlfahrt um die Flächen (1), (2) und (3) steigern, verliert aber Einnahmen aus der Transportkostenreduzierung, so dass sich eine Nettowohlfahrtsänderung durch (1) + (3) - (4) ergibt. Es sei hier angemerkt, dass die Wertschöpfung des Landes A aus der Transportdurchführung den privaten Haushalten zufällt.[7] In Abbildung 1 wur-

---

6 Vgl. ähnlich SIEBERT (1988), S. 669.

7 Vgl. ähnlich GRUBEL (1977), S. 587; SIEBERT (1988), S. 669.

Abbildung 1: Auswirkungen einer Transportkostensenkung

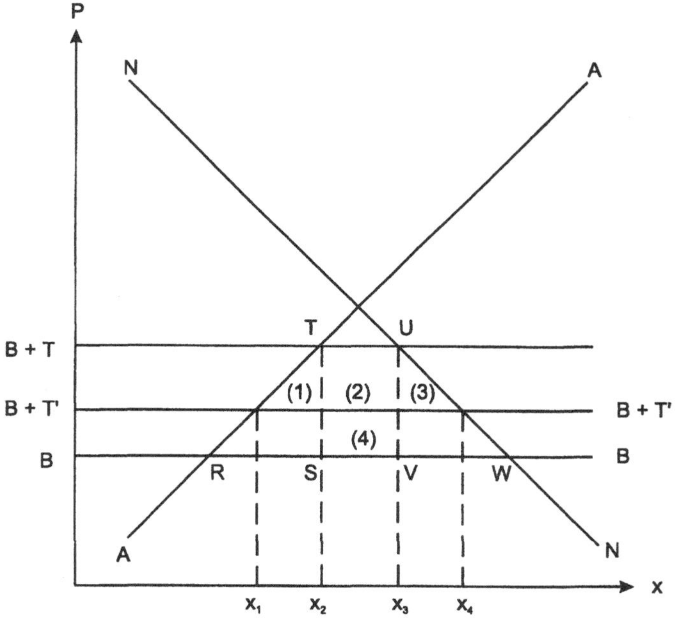

Quelle: SIEBERT (1988), S. 668; eigene Änderungen.

de ein solcher Verlauf der Angebotskurven angenommen, dass aufgrund der Absenkung der Transportkosten Land B wettbewerbsfähiger wird.

Die oben stehende Argumentation bezog sich auf eine rein vergleichende statische Analyse. Betrachtet man die dynamischen Effekte im Zeitablauf, so können weitere Auswirkungen von Transportkostensenkungen beschrieben werden, nämlich im Hinblick auf Scale-Economies, Marktstrukturveränderungen sowie Wachstumsprozesse.[8]

8 Vgl. SIEBERT (1988), S. 673.

Sinkende Transportkosten bewirken, dass infolge einer Ausdehnung der Märkte sowohl ein verstärktes internes Unternehmungswachstum als auch die Möglichkeit der Ausnutzung von Scale-Economies möglich werden. Mittels zunehmender Betriebsgrößenvariationen steigen Produktivität an, woraus geringere Produktionsstückkosten resultieren.[9]

Aufgrund der gesunkenen Transportkosten nimmt die Wettbewerbsintensität zu, da der unternehmensbezogene relevante Markt einen größeren Radius erhält. Hierbei kann es insbesondere zu Situationen kommen, bei denen monopolistische Marktpositionen, deren Absatzgebiete zuvor aufgrund hoher Transportkosten geschützt waren, nun jedoch durch potenzielle Konkurrenten aber angreifbar werden, womit sich erhebliche Marktstrukturveränderungen ergeben können. Zudem zwingt die zunehmende Wettbewerbsintensität die Anbieter zu einer effizienteren Produktionsweise.[10]

Der Anpassungsdruck, effizientere Produktionssysteme einzuführen, stimuliert zusätzlich den technologischen Fortschritt einer Volkswirtschaft, was mit neuen Wachstumsimpulsen einhergehen kann. So können sich außerdem im Zuge von Marktausdehnungen Investitionsmöglichkeiten in regionale Wirtschaftszentren ergeben, was schließlich zu einem verschärften Wettbewerb zwischen regionalen Standorten führt mit der Konsequenz steigender regionaler Sozialproduktsunterschiede.[11]

Um die Entwicklung des Außenhandels sowie der seewärtigen Transportkosten empirisch veranschaulichen zu können, wurden in Abbildung 2 die tatsächlichen Ein- und Ausfuhrwerte jahresweise summiert und mit einer Indexbasis 1980=100 dargestellt. Entsprechend wurde der Frachtratenindex für

---

9 Vgl. GRUBEL (1977), S. 596.

10 Vgl. GRUBEL (1977), S. 595.

11 Vgl. SIEBERT (1988), S. 673.

Abbildung 2: Entwicklung des deutschen Außenhandels (Ein- und Ausfuhrwerte in DM) im Vergleich zu den Frachtraten für beladene Container (1980-2000).

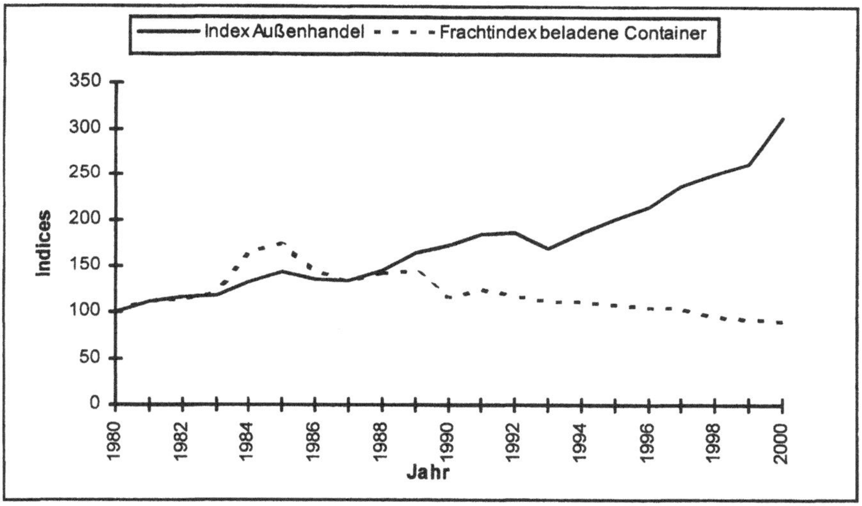

Quelle: Statistisches Bundesamt (verschiedene Jahrgänge); Bundesminister für Verkehr (verschiedene Jahrgänge); eigene Berechnungen.

beladene Container ermittelt. Der Seefrachtenindex entwickelte sich insbesondere seit 1985 unterproportional zum Außenhandelsindex. Hieraus kann gefolgert werden, dass die seewärtigen Transportkosten einen immer geringer werdenden Anteil am Gesamtwert der transportierten Containerladung ausmachen.

2.1.2 Entwicklung der Containertransportströme

Die Entwicklung der Containertransportströme und somit der regionalen Verteilung der Containerverkehre ist ohne Zweifel durch die häufig unterschiedliche wirtschaftliche Entwicklung in den einzelnen Regionen, aber auch

Abbildung 3: Einteilung der weltweiten Containerhauptfahrtgebiete

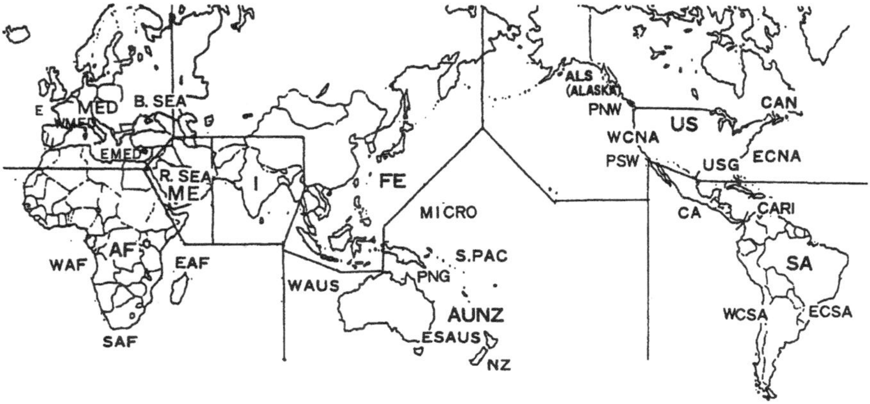

Quelle: NIPPON YUSEN KAISHA RESEARCH DIVISION (1998), S. 4.

durch die Existenz oder Nichtexistenz geeigneter Terminaleinrichtungen in den unterschiedlichen geographischen Gebieten geprägt.

Um die seewärtigen weltweiten Containertransportströme beschreiben zu können, wurden zunächst einmal die Containerumschlagzahlen in TEU der einzelnen Länder ausgewertet und nach definierten Hauptfahrtgebieten in den Tabellen 1 und 2 gruppiert. Insgesamt wurden acht Hauptfahrtgebiete gebildet, nämlich

- Nordamerika (US).
- Südamerika (SAM), das den gesamten süd- und mittelamerikanischen Kontinent sowie die Karibischen Inseln beinhaltet.
- Europa-Mittelmeer (E-Med), wobei neben dem geographischen Europa auch alle nordafrikanischen und asiatischen Mittelmeeranrainerstaaten mit eingeschlossen sind.

Tabelle 1: Containerverkehr in TEU nach einzelnen Regionen (in Tsd. TEU)

	1975	1980	1985	1990	1995	1999	Ø-WR p.a. in %
FE	3.521	8.953	15.977	31.581	60.010	85.064	14,2
E-Med	5.903	12.111	17.141	23.152	33.463	48.894	9,2
US	6.086	9.477	12.988	16.868	21.578	28.045	6,6
SAM	541	1.542	2.421	3.422	5.988	11.296	13,5
ME	0	1.431	2.224	2.541	4.776	7.797	9,3
AUNZ	811	1.548	1.799	2.108	3.073	4.460	7,4
I	0	240	842	1.661	2.940	4.555	16,8
AF	65	973	1.013	1.301	1.621	3.143	17,5
Welt Total	16.926	36.275	54.405	82.634	133.449	193.236	10,7

Quelle: CONTAINERISATION INTERNATIONAL Yearbook (verschiedene Jahrgänge); eigene Berechnungen.

- Afrika (AF), exklusive den nordafrikanischen Mittelmeeranrainerstaaten.
- Mittlerer Osten (ME).
- Indischer Subkontinent (I).
- Ferner Osten (FE) mit allen asiatischen Küstenstaaten östlich von Bangladesch.
- Australien-Neuseeland (AUNZ).

In Tabelle 1 zeigt sich, dass die Fahrtgebietsregionen Nordamerika, Europa-Mittelmeer sowie Ferner Osten im weltweiten Containerverkehr führend sind. In diesen drei Regionen wurden 1999 etwa 162,0 Mio. TEU umgeschlagen, was einem Weltanteil von 83,3 % entspricht. In der Fernost-, der Südamerika- sowie der Indien- und Afrikarelation hat sich der seewärtige Containerverkehr von 1975 bis 1999 besonders dynamisch entwickelt, welches sich in überdurchschnittlichen Wachstumsraten im Vergleich zum Weltcontainerver-

Tabelle 2: Regionale Anteile am Weltcontainerverkehr (in %)

	1975	1980	1985	1990	1995	1999
FE	20,8	24,7	29,4	38,2	45,0	44,0
E-Med	34,9	33,4	31,5	28,0	25,1	25,3
USA	36,0	26,1	23,9	20,4	16,2	14,5
SAM	3,2	4,3	4,5	4,1	4,5	5,8
ME	0,0	3,9	4,1	3,1	3,6	4,0
AUNZ	4,8	4,3	3,3	2,6	2,3	2,4
I	0,0	0,7	1,6	2,0	2,2	2,4
AF	0,4	2,7	1,9	1,6	1,2	1,6
Total	100,0	100,0	100,0	100,0	100,0	100,0

Quelle: CONTAINERISATION INTERNATIONAL Yearbook (verschiedene Jahrgänge); eigene Berechnungen.

kehr (10,7 %) widerspiegelt. Hierbei ist allerdings anzumerken, dass vor allem das Verkehrswachstum in Afrika in erster Linie auf den Zeitraum von 1975 bis 1980 sowie von 1995 bis 1999 zurückzuführen ist. Von 1980 bis 1995 fiel die jährliche Wachstumsrate für diese Region mit durchschnittlich 3,5 % hingegen stark unterproportional aus.

Tabelle 2 verdeutlicht die starke Dominanz der Regionen Fernost, Europa-Mittelmeer und Nordamerika am weltweiten Containerverkehr, obwohl die Fahrtgebiete Europa-Mittelmeer sowie Nordamerika infolge unterdurchschnittlicher Wachstumsraten bezogen auf den globalen Containerverkehr erhebliche Marktanteilsverluste hinnehmen mussten. Hieraus lässt sich schließen, dass der Containerisierungsgrad der Waren in diesen Ländern bereits in erheblichem Maße ausgeschöpft wurde und sich das Transportwachstum nun in ausgeprägterer Form an das Außenhandelswachstum orientieren wird. Die Fahrtgebiete der südlichen Hemisphäre (SAM, AUNZ, AF) weisen einen Anteil am Containerumschlag auf, der lediglich zwischen 9,8 % (1999) und 11,3 % (1980) des weltweiten Volumens liegt.

2.1.3 Bildung globaler Angebotsstrukturen

Traditionell war die Linienschifffahrt durch eine Verbindung von zwei Wirtschaftsregionen innerhalb einer bestimmten Anzahl von Anlaufhäfen gekennzeichnet. Diese Anlaufstruktur findet man auch heute noch in überwiegendem Maße vor. Eine Wirtschaftsregion repräsentiert dabei beispielsweise ein Land, einen Teil eines Landes (bestimmter Küstenabschnitt) oder eine Gruppe von Ländern, wobei sich die Bedienung der mit der Wirtschaftsregion korrespondierenden Häfen aus akquisitorischer sowie technisch-organisatorischer Sicht als vorteilhaft erwiesen hat. Des Weiteren waren die bilateralen Verbindungen zweier Wirtschaftsregionen auch politisch motiviert, z.B. im Rahmen der Anbindung von Kolonien an die Kolonialmachtländer.[12]

Im Verlaufe zunehmender Standardisierung der Transportmittel (Containerisierung) in Kombination mit der anhaltenden Globalisierung von Unternehmungen und Handelsstrukturen werden die einzelnen Wirtschaftsregionen bei den Hafenanläufen in stärkerem Maße miteinander verknüpft.[13] In diesem Zusammenhang versuchen die Containerreedereien verstärkt, neue Routen- und Netzwerkstrategien wie beispielsweise Transhipment-, Round-the-World- sowie Pendulum-Konzepte in ihr operatives Geschäft zu implementieren, um Kostenersparnisse zu realisieren und weitere Marktexpansionsstrategien zu verfolgen.

---

[12] Vgl. BREITZMANN ET AL. (1993), S. 83 f.

[13] Vgl. BREITZMANN ET AL. (1993), S. 84.

Tabelle 3: Führende Global Carrier im Ost-West-Verkehr nach Hauptrelationen. Stand: 1.9.1997

	Asien/ N. Amerika	Asien/ N. Europa	N. Amerika N. Europa	Asien/ Mittelmeer	N. Amerika Mittelmeer
(a) Europäische Carrier					
Maersk (Dänemark)	✓	✓	✓	✓	✓
Hapag-Lloyd (Deutschland)	✓	✓	✓	✓	×
DSR-Senator (Deutschland)	✓	✓	✓	✓	✓
P&O Nedlloyd (GB / NL)	✓	✓	✓	✓	✓
MSC (Schweiz)	×	✓	✓	✓	×
(b) US Carrier					
Sea-Land	✓	✓	✓	✓	✓
APL	✓	✓	×	(✓)*	×
(c) Asiatische Carrier					
NYK (Japan)	✓	✓	✓	✓	×
MOL (Japan)	✓	✓	×	✓	×
K-Line (Japan)	✓	✓	✓	(✓)*	×
Hanjin (Südkorea)	✓	✓	✓	✓	✓
HMM (Südkorea)	✓	✓	✓	✓	×
Cho Yang (Südkorea)	✓	✓	✓	✓	✓
Cosco (VR China)	✓	✓	✓	✓	✓
Evergreen (Taiwan)	✓	✓	✓	✓	×
Yangming (Taiwan)	✓	✓	✓	✓	×
OOCL (Hong Kong)	✓	✓	✓	×	×
NOL (Singapur)	✓	✓	✓	×	×
(d) Andere Carrier					
Zim (Israel)	✓	×	×	✓	✓

* "(✓)" in Klammern repräsentiert eine sehr geringe Präsenz.

Quelle: GARDINER (1997), S. 13.

Mit fortschreitender Containerisierung haben sich dabei als neues Phänomen zunehmend Reedereien herauskristallisiert, die oftmals als Global Player oder Global Carrier bezeichnet werden. Eine Definition eines Global Carrier ist nicht unproblematisch, da als entscheidendes Kriterium neben der geographischen Reichweite auch die operative und logistische Tiefe der Aktivitäten als kennzeichnendes Merkmal hinzutreten kann. Weiterhin sind u.a. Fragen zu beantworten, ob es sich beispielsweise bei der Leistungspalette lediglich um Hafen-Hafen- oder auch um Haus-Haus-Angebote handelt, oder ob die eingesetzten Schiffskapazitäten sich im vollständigen Eigentum der Reedereien befinden.[14]

Bei der Darstellung globaler Angebotsstrukturen der Global Carrier kann die geographische Reichweite als hinreichendes Kriterium genügen. Hierbei sei ein besonderes Augenmerk auf die Ost-West- sowie die Nord-Süd-Verkehre gelegt. Auf den Ost-West-Hauptrouten sind in Tabelle 3 neunzehn Carrier herausgefiltert worden, welche in diesen Hauptrelationen bereits präsent sind oder zumindest Ambitionen besitzen, die Ost-West-Routen vollständig abdecken zu können.[15]

Im Falle der Nord-Süd-Hauptrouten wurde häufig argumentiert, dass diese nicht besonders attraktiv für solche Reedereien seien, die sich bisher im Ost-West-Geschäft betätigt haben. Als Begründung wurde dabei immer wieder auf die geringen Containervolumen, schwierig zu prognostizierenden Handelsströme und die relativ schlechten Standards der Häfen und Terminalanlagen verwiesen. Aber aufgrund der zunehmend verbesserten Infrastruktur inklusive der Leistungsfähigkeit der dortigen Häfen sowie des schnellen Wachstums der Containertransporte werden die Nord-Süd-Verkehre für die global ausgerichteten Reedereien zunehmend interessanter.[16]

Die neuere Marktentwicklung auf den Nord-Süd-Routen wird deutlich anhand von Tabelle 4. Die sich in diesem Markt befindlichen Reedereien wurden dabei einerseits als Global Carrier eingeteilt, die eine fast globale Reichweite ih-

---

[14] Vgl. GARDINER (1997), S. 12.

[15] Vgl. GARDINER (1997), S. 12.

[16] Vgl. LSE (1998), Heft Juni, S. 12; SCHMITZ (1999), S. 10.

Tabelle 4: Neuere Marktentwicklung im Nord-Süd-Containerverkehr (1996-1998)

Januar 1996	Anzahl der Schiffe	Marktanteil in %	Kapazitätsanteil in TEU	Marktanteil in %
Global Carrier	167	43,5	249.721	43,3
N/S-Carrier	97	25,3	147.307	25,6
Regionale Carrier	120	31,2	179.324	31,1
Total	384	100,0	576.352	100,0
Januar 1998	Anzahl der Schiffe	Marktanteil in %	Kapazitätsanteil in TEU	Marktanteil in %
Global Carrier	249	48,2	410.888	49,3
N/S Carrier	131	25,3	215.481	25,8
Regionale Carrier	137	26,5	207.724	24,9
Total	517	100,0	834.093	100,0

Quelle: LSE (1998), Heft Juni, S. 14.

res Angebotes aufweisen, zum anderen in Nord-Süd-Spezialisten (N/S-Carrier), welche mindestens zwei Kontinente oder Regionen in der südlichen Hemisphäre bedienen. Des Weiteren wurde eine Gruppe von regionalen Carriern gebildet, deren Aktionsradien auf eine Region oder einen Kontinent limitiert sind. In Tabelle 4 wird deutlich, dass die globalen Carrier innerhalb von nur zwei Jahren (1996-1998) ein Marktanteilswachstum an der Gesamtkapazität in TEU von 14 % realisieren konnten und somit ihren Marktanteil von 43,3 % im Jahre 1996 auf 49,3 % für das Jahr 1998 steigern konnten.

Bildet man zudem den Quotienten aus der gesamten Marktkapazität in TEU sowie der Anzahl der Schiffe, so wird deutlich, dass die Größe der eingesetzten Schiffe in TEU zugenommen hat. Im Jahre 1996 betrug die Durchschnittsgröße eines Containerschiffes im Nord-Süd-Verkehr noch 1.500 TEU, wohingegen es 1998 bereits 1.613 TEU waren, was einer Vergrößerung der durchschnittlichen Schiffskapazität von 7,5 % entspricht. Hieraus lässt sich der Kapazitätsmarktanteilverlust der regionalen Carrier erklären, deren eingesetzte durchschnittliche Schiffsgrößen im gleichen Zeitraum kaum zunahmen (+ 1,4 %).

Unter den global orientierten Reedereien, die bislang am stärksten in die Nord-Süd-Verkehre involviert sind, können insbesondere P&O Nedlloyd, die Mediterranean Shipping Company (MSC) sowie die Maersk Line genannt werden. Alle drei Carrier konnten im Jahre 1998 bereits einen Anteil von 29,3 % an der gesamten Kapazität der Nord-Süd-Relationen auf sich vereinigen.[17] Beim Einsatz der Schiffskapazitäten werden dabei unterschiedliche Routen- und Netzwerkstrategien verfolgt. Während MSC und P&O Nedlloyd noch überwiegend ihre Schiffe im Rahmen von Pendulum- und Round-the-World-Diensten einsetzen, versucht die Maersk Line mittels Aufbau von Hub-and-Spoke-Systemen, welche insbesondere seit Anfang der neunziger Jahre forciert wurden, eine verstärkte und effizientere Verknüpfung zwischen den Ost-West-Verkehren sowie den Nord-Süd-Verkehren zu erreichen.[18]

Im Zusammenhang mit der zunehmenden geographischen Expansion der Global Carrier im Hinblick auf die Nord-Süd-Routen seien an dieser Stelle noch Erklärungsmuster dieser Entwicklung aufgezeigt. Es scheint, dass global operierende Reedereien Vorteile gegenüber Konkurrenten mit einer limitierten geographischen Reichweite haben. Zunächst können Global Carrier den Wünschen der Verlader entgegenkommen, Schiffstransporte weltweit anzubieten. Dies können regionale Carrier gewiss auch, es müssen hierbei aber Container via Verbindungscarrier laufen, über welche die regional agierenden Reedereien keine Kontrolle mehr haben. Des Weiteren verfügen die Global Carrier über ein größeres Ladungsaufkommen, so dass Skaleneffekte

---

[17] Vgl. LSE (1998), Heft Juni, S. 13.

[18] Vgl. GARDINER (1997), S. 13.

besser ausgenutzt werden können. Hinzu kommt, dass die global orientierten Reedereien aufgrund der bereits erfahrenen Wettbewerbsintensität auf den Ost-West-Relationen sowie den daraus resultierenden Maßnahmen zur Produktivitätssteigerung sich in einer verbesserten Situation befinden, um mit den Nord-Süd-Spezialisten und den regionalen Carriern zu konkurrieren.[19]

2.2 Innovationen im Containerschiffbau

Parallel zu der im vorherigen Abschnitt aufgezeigten Ausweitung des Containerverkehrs vollzogen sich bedeutsame Innovationen im Containerschiffbau. In einem Zeitraum von dreißig Jahren verlief die Entwicklung der Schiffsgröße von Containerschiffen der ersten Generation mit 1.000 TEU zu den heutigen Super-Post-Panamax-Schiffen mit bis zu 8.000 TEU, wobei Schiffsgrößen von 15.000 TEU bereits in der Fachwelt diskutiert werden. Im Folgenden soll diese Größenentwicklung näher aufgezeigt und die damit einhergehende betriebswirtschaftliche Dimension hinsichtlich optimaler Schiffsgröße sowie indikativer Dichte- und Skalenvorteile im Rahmen größerer Ladekapazitäten analysiert werden.

2.2.1 Entwicklung der Schiffsgrößen

Im Jahre 1972 setzte OCL mit dem 3.000 TEU Schiff „Liverpool Bay“ das bis dahin größte Panamax-Schiff auf der Europa-Fernost-Route ein. Erst 24 Jahre später wurde das erste Vollcontainerschiff mit einer Kapazität von über 6.000 TEU von Maersk in Betrieb genommen. Seit 1972 haben sich also die TEU-Kapazitäten der größten Containerschiffe verdoppelt, was einem durch-

---

19 Vgl. LSE (1998), Heft Juni, S. 14.

schnittlichen jährlichen Wachstum von etwa 2,9 % pro anno entspricht.[20] Im Jahre 1988 wurden von der Reederei APL die ersten fünf Post-Panamax-Containerschiffe (C-10-Klasse) in den Dienst gestellt. Die Schiffe wiesen eine Kapazität von 4.340 TEU auf und waren 39,4 m breit. Die frühen Post-Panamax-Schiffe waren hinsichtlich ihrer TEU-Kapazität vergleichbar mit den optimierten Panamax-Schiffen (ca. 4.200 TEU). Im Jahr 1994 konnte mit Indienstnahme der NYK Altair (4.743 TEU) erstmalig eine spürbare Kapazitätserweiterung der Post-Panamax-Schiffe gegenüber den Panamax-Schiffen erreicht werden. Ein Jahr später führte APL die C-11-Serie ein.[21] Diese Schiffe erreichten erstmalig in der Geschichte der Vollcontainerschiffe eine Breite von 40 m. Im Jahre 1996 wurde von Maersk mit dem Schiff Regina Maersk der Einstieg in die Super-Post-Panamax-Schiffsklasse mit einer TEU-Kapazität von über 6.000 Boxen vollzogen. Bei der Regina Maersk handelte es sich um eine Neubauserie von insgesamt zwölf 6.250-TEU-Schiffen.[22] Die technischen Charakteristika der APL-C-10-Serie sowie der Regina-Maersk-Klasse sind in Tabelle 5 zusammengefasst.

Vergleicht man die ersten Post-Panamax-Schiffe von APL mit denen der Regina-Maersk-Klasse, so erkennt man mit Ausnahme der Schiffskapazitäten (tdw und TEU) eine kaum als dramatisch zu bezeichnende Veränderung der Schiffsdesignparameter: Die Länge der Regina Maersk ist um 15,6 % größer als die C-10-Schiffe von APL. Die Schiffsbreite stieg um 8,6 %, die Geschwindigkeit um 3,3 %. Auch der erhöhte Tiefgang ist mit 12,0 % eher als moderat zu bewerten. Hingegen weisen aber die TEU-Kapazitäten der Super-Post-Panamax-Schiffe eine Zunahme von 44,0 % auf.

---

20 Vgl. McLellan (1997), S. 196.

21 Die C-11-Serie umfasste 6 Schiffe à 4.832 TEU.

22 Vgl. Drewry Shipping Consultants (1996a), S. 1 und S. 4.

Tabelle 5: Technische Daten der APL-C-10-Serie (1988) und der Regina-Maersk-Klasse (1996)

Designparameter	APL C-10	Regina Maersk	Veränderung in %
Länge	275,2 m	318,2 m	15,6
Breite	39,4 m	42,8 m	8,6
Tiefgang	12,5 m	14,0 m	12,0
Deadweight Tons	54.655	82.135	50,3
Geschwindigkeit	24,2 kn	25 kn	3,3
Treibstoffverbrauch	152 tpd	200 tpd	31,6
Kapazität in TEU	4.340	6.250	44,0

Quelle: DREWRY SHIPPING CONSULTANTS (1996a), S. 30 und S. 41 f.

Die traditionelle technische Restriktion, ein Containerschiff mit einer Kapazität von mehr als 6.000 TEU zu bauen, wurde durch Entwicklungen neuerer Antriebsaggregate der Unternehmen MAN B&W sowie Sulzer überwunden. Ihre modernen Maschinen MAN B&W 12K98MC-C und Sulzer 12RTA96C können eine Leistung von 93.120 bhp respektive 89.640 bhp erzeugen, so dass die technische Barriere, größere Schiffe zu bauen, heutzutage offenbar eine eher untergeordnete Rolle spielt.[23] Vollcontainerschiffe mit einer theoretischen Kapazität von 8.000 TEU befinden sich bereits im Einsatz, und selbst 15.000-TEU-Schiffe, die einen Tiefgang von 14,5 m aufweisen, durch zwei große Maschinen angetrieben werden und dabei etwa 24 bis 25 Knoten schnell sind, scheinen in den nächsten zwanzig Jahren nicht mehr ausgeschlossen zu sein.[24]

---

23 Vgl. MCLELLAN (1997), S. 203

24 Vgl. CONTAINERISATION INTERNATIONAL (1998), Heft Dezember, S. 13.

Tabelle 6: Durchschnittliche Kapazitätsentwicklung der Vollcontainerschiffe (1980-2000)

Jahr	Durchschnittliche Kapazität in TEU	Durchschnittliche Kapazität in tdw
1980	955	17.185
1985	1.055	18.460
1990	1.223	21.389
1995	1.511	24.434
2000	1.847	25.199

Quelle: DREWRY SHIPPING CONSULTANTS (1996a), S. 50; CONTAINERISATION INTERNATIONAL Yearbook (verschiedene Jahrgänge); ISL (verschiedene Jahrgänge); eigene Berechnungen.

Der anhaltende Trend zu größeren Schiffen spiegelt sich auch in der durchschnittlichen Kapazitätszunahme aller Vollcontainerschiffe wider, was in Tabelle 6 dargestellt ist. Von 1980 bis 2000 stieg die durchschnittliche Größe eines Vollcontainerschiffes um 892 TEU sowie um 8.014 tdw. Dies entspricht einem durchschnittlichen jährlichen Wachstum von 3,4 % bzw. 1,9 %. Größere Schiffe werden nicht nur auf den aufkommenstarken Ost-West-Hauptverkehrsrouten eingesetzt, sondern auch im Feeder-, im intraregionalen sowie im Nord-Süd-Verkehr. Allerdings werden die Super-Post-Panamax-Schiffe aus ökonomischen Gründen ausschließlich auf den verkehrsreichen Ost-West-Routen betrieben, was auch durch die durchschnittlichen Schiffsgrößen auf diesen Routen reflektiert wird.

So betrug die durchschnittliche TEU-Kapazität eines Vollcontainerschiffes im Jahre 2000 auf der Transpazifikstrecke 3.169 TEU, auf der Fernost-Nordeuropa-Route 3.919 TEU. Im Nordatlantik-Verkehr ist die durchschnittliche Schiffsgröße mit 3.029 TEU vergleichsweise klein.[25] Der Einsatz geringerer Schiffskapazitäten im Verkehr Nordeuropa-US-Ostküste ist insbesondere mit der ungenügenden Entfernung zwischen diesen Relationen zu erklären, da sich eine zunehmende Reisestrecke positiv auf die Produktivität relativ großer Containerschiffe auswirkt, was u.a. im nächsten Abschnitt mit Hilfe eines Kostenminimierungsmodells zur Ermittlung der optimalen Schiffsgröße dargestellt wird.

2.2.2 Optimierung der Schiffsgröße

Zweck der Bestimmung einer optimalen Schiffsgröße ist es, die gesamten Transportkosten zu minimieren, und zwar die Reisekosten des Schiffes (z.B. Kapitalkosten sowie operative Kosten) sowie die Umschlagkosten am Terminal.[26] Während die Kosten je transportierter Tonne auf See mit zunehmender Schiffsgröße sinken (Economies-of-Scale), steigen vor allem die Zeitkosten an den Terminals und in den Häfen mit zunehmenden Schiffskapazitäten (Diseconomies-of-Scale), da für Be- und Entladung der größeren Schiffe mehr Zeitaufwand nötig ist. Daher wird die Gesamtkostenfunktion je transportierter Containereinheit, die sich aus der Summe der Kostenfunktionen je Container im Hafen und auf See ergibt, einen U-förmigen Verlauf aufweisen (Abbildung 4).[27]

Im nachfolgenden Modell sind Routencharakteristika wie beispielsweise die Wassertiefe in den Häfen oder Umschlaganlagen nicht explizit formuliert.

---

25 Vgl. Nippon Yusen Kaisha Research Division (2001), S. 29 ff.; eigene Berechnungen.

26 Vgl. Kendall (1972), S. 129.

27 Vgl. Garrod / Miklius (1985), S. 83.

Abbildung 4: Optimale Schiffsgröße

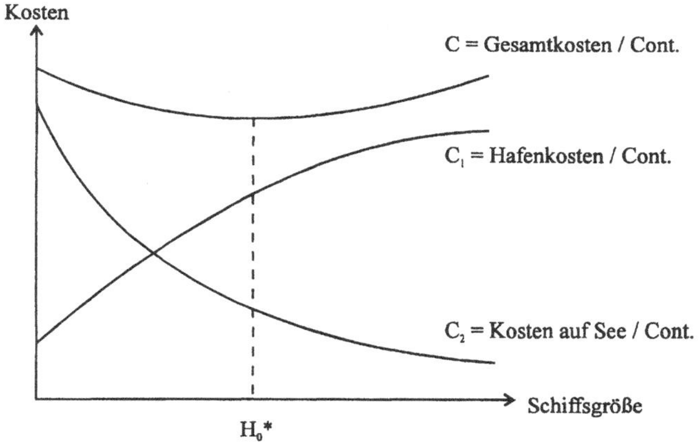

Quelle: JANSSON / SHNEERSON (1988), S. 139.

Außerdem wird unterstellt, dass das Ladungsaufkommen auf der relevanten Schiffsroute keine Restriktion für die Wahl der Schiffsgröße darstellt.[28]

Es wird angenommen, dass ausschließlich Container transportiert werden. Die Kosten bestehen aus variablen Kosten sowie Kapitalkosten. Die variablen Kosten beinhalten Kosten für die Besatzung, den Treibstoff sowie die Schiffswartung. Die Kapitalkosten beziehen sich auf Abschreibungen sowie Opportunitätskosten für entgangene Zinszahlungen. Kapitalkosten und operative Kosten lassen sich in Kosten auf See und Kosten im Hafen aufgegliedern:[29]

C_{os} = operative Tageskosten auf See;

---

28 Vgl. JANSSON / SHNEERSON (1982), S. 217.

29 Vgl. TALLEY (1990), S. 165 f.

C_{op} = operative Tageskosten im Hafen;

C_c = Kapitalkosten pro Tag.

Zusätzlich zu den schiffsbezogenen Kosten werden dem Containerschiff für eine Vielzahl hafen- und terminalbezogener Dienstleistungen Beträge in Rechnung gestellt. Nachstehend soll C_{pg} diese serviceorientierten Tageskosten im Hafen repräsentieren. Die gesamten Tageskosten des Containerschiffes auf See können mit $C_s = C_{os} + C_c$, die gesamten Tageskosten im Hafen mit $C_p = C_{op} + C_c + C_{pg}$ dargestellt werden.[30]

Um die Schiffsgeschwindigkeit auf See sowie die Umschlaggeschwindigkeit am Terminal zu berücksichtigen, werden die Hafenkosten (C_p) durch die Umschlaggeschwindigkeit im Hafen und die Tageskosten auf See (C_s) durch die dynamische Schiffskapazität auf See dividiert. Hierbei bezeichnet H_1 die Anzahl der umgeschlagenen Container pro Stunde. Multipliziert man H_1 mit der effektiven Anzahl gearbeiteter Stunden pro Tag (n) am Terminal, so kann die tagesbezogene Umschlaggeschwindigkeit ermittelt werden. Die dynamische Schiffskapazität (H_2) in transportierten Containermeilen pro Tag errechnet sich aus der statischen Kapazität (= Ladekapazität H_0) in TEU des Schiffes multipliziert mit der Schiffsgeschwindigkeit (V) in Seemeilen pro Tag.[31]

$$H_2 = H_0 \cdot V.$$

30 Vgl. TALLEY (1990), S. 166.

31 Vgl. JANSSON / SHNEERSON (1982), S. 218; TALLEY (1990), S.166.

Mittels der angegebenen Relation kann eine Gleichung aufgestellt werden, welche die Kosten je transportierter Containereinheit pro Reisespeiche (Voyage-Leg)[32] bei vorgegebener Route widerspiegelt:[33]

$$C = \frac{D \cdot C_S}{L \cdot H_0 \cdot V} + \frac{P \cdot C_p \cdot T_p}{n \cdot H_1}$$

wobei,

D = Reisedistanz für eine vorgegebene Route;

L = Anzahl der Speichen für eine bestimmte Route;

P = Anzahl der Anlaufhäfen (Ports-of-Call) je Speiche;

T_p = Gesamtverweildauer in Stunden je Anlaufhafen.

Die Gesamtverweildauer je Anlaufhafen T_p kann auch wie folgt ausgedrückt werden:

$$T_p = \frac{a \cdot H_0}{H_1}.$$

Der Parameter a gibt die tatsächlichen Stunden im Hafen wieder. Wenn ein Containerschiff beispielsweise 10 Stunden im Hafen verbringt, dann gilt a = 10.[34] Setzt man den T_p-Ausdruck in die Kostenfunktion C ein und bildet die erste Ableitung nach der Schiffskapazität H_0, so führt dieses zu der Relation

---

32 Eine Reisespeiche oder Voyage-Leg ist definiert als die Anzahl der Fahrten von Hafen zu Hafen (Port-to-Port). Daher wird eine Speiche immer zwei Hafenanläufe nach sich ziehen. Bei einer normalen Rundreise ist die Anzahl der Speichen mit der Anzahl der Anlaufhäfen identisch.

33 Vgl. TALLEY (1990), S. 166.

34 Vgl. TALLEY (1990), S. 166.

$$\frac{\partial C}{\partial H_0} = -\frac{D \cdot C_S}{L \cdot H_0^2 \cdot V} + \frac{P \cdot C_P \cdot a}{n \cdot H_1^2} = 0 .$$

Auflösen von $\partial C / \partial H_0$ nach H_0 liefert die optimale Containerschiffsgröße H_0^* in Abhängigkeit von den verschiedenen Parametern:

$$H_0^* = \sqrt{\frac{n \cdot H_1^2 \cdot D \cdot C_S}{L \cdot V \cdot P \cdot C_P \cdot a}} .$$

Durch eine statisch-komparative Analyse können nun die Effekte ausgewählter Modellparameteränderungen auf die optimale Schiffsgröße H_0^* analysiert werden. Dabei ist die Funktion der optimalen Schiffsgröße H_0^* in Abhängigkeit der einzelnen Parameter nach diesen abzuleiten und auf negatives oder positives Vorzeichen zu prüfen.

Positive Ableitungen: $\frac{\partial H_0^*}{\partial D} > 0, \ \frac{\partial H_0^*}{\partial H_1} > 0, \ \frac{\partial H_0^*}{\partial n} > 0 .$

Negative Ableitungen: $\frac{\partial H_0^*}{\partial L} < 0, \ \frac{\partial H_0^*}{\partial V} < 0, \ \frac{\partial H_0^*}{\partial P} < 0 .$

Aufgrund der positiven Vorzeichen kann gefolgert werden, dass die optimale Schiffsgröße mit einer größeren Seestreckendistanz sowie einer erhöhten Produktivität in den Häfen zunimmt. Eine Steigerung der Seestreckendistanz verschiebt die C_2-Kurve in Abbildung 4 proportional nach oben, was einen steileren Verlauf impliziert, so dass das Minimum der Gesamtkostenkurve sich nach rechts verschiebt. Eine Steigerung der Hafenproduktivität (Steigerung von H_1 oder n) resultiert in einer proportionalen Verschiebung der C_1-

Kurve nach unten, wodurch sich ihre Steigung verringert und eine Verschiebung des Minimums der Gesamtkostenkurve nach rechts bewirkt.[35]

Die negativen Ableitungsvorzeichen signalisieren einen entgegengesetzten Einfluss einer Parametervariation auf H_0*. Eine Erhöhung der Schiffsgeschwindigkeit V verringert die optimale Schiffsgröße. Dies impliziert, dass die C_2-Kurve sich proportional nach unten verschiebt und der Minimumpunkt der C-Kurve sich nach links verschiebt. Derselbe Effekt wird durch eine Steigerung der Anzahl der Anlaufhäfen sowie der damit verbundenen Erhöhung der Speichen bewirkt.[36]

Als praxisrelevante Schlussfolgerung kann aus dieser modellhaften Betrachtung zusammenfassend abgeleitet werden, dass mit zunehmender Seestreckendistanz, steigender Hafenproduktivität, sinkender Schiffsgeschwindigkeit sowie einer Reduzierung der Anzahl der Reisespeichen und Hafenanläufe die optimale Größe der dabei eingesetzten Schiffe zunimmt.

2.2.3 Dichte- und Skalenvorteile größerer Ladekapazitäten

Nach der theoretischen Determination der ökonomisch optimalen Schiffsgröße sowie der sie beeinflussenden Parameter sollen nun die Dichte- und Skalenvorteile von Containerschiffen mit größeren Ladekapazitäten näherungsweise und indikativ quantifiziert werden. Als Referenzstandards sind Super-Post-Panamax-Schiffe mit einer Stellplatzkapazität von 6.000 TEU sowie Panamax-Schiffe mit einer Stellplatzkapazität zwischen 4.000 TEU und 4.400 TEU gewählt worden. In Tabelle 7 sind die operativen Kosten beider Schiffsklassen zusammengestellt.

---

[35] Vgl. JANSSON / SHNEERSON (1982), S. 225; JANSSON / SHNEERSON (1987), S. 140 f.

Tabelle 7: Operative Kostenvorteile eines 6.000-TEU-Schiffes gegenüber einem 4.000-TEU-Schiff (in 1.000 US-$ p.a.)

	6.000-TEU-Schiff	4.000-TEU-Schiff
Besatzung	750	750
Allgemeine Wartungskosten	1.025	900
Versicherung	900	700
Schmierstoffe / sonstige Vorräte	300	250
Verwaltung	175	175
Treibstoffkosten (1),(2)	4.240	3.650
Hafenkosten (2)	2.500	1.925
Gesamtkosten	9.890	8.350
Gesamtkosten pro Slot	1.648	2.088

(1) Transpazifik-Verkehr (30 Tage auf See + 12 Tage im Hafen)
(2) Brenstoffverbrauch bei 22,5 Knoten:
Super-Post-Panamax: 150 Tonnen pro Tag (+ 6 Tonnen pro Tag im Hafen)
Panamax: 130 Tonnen pro Tag (+ 4 Tonnen pro Tag im Hafen)
Durchschnittliche Treibstoffpreise: $110/Tonne MFO; $190/Tonne MDO

Quelle: DREWRY SHIPPING CONSULTANTS (1996a), S. 45.

Eine Erweiterung dieser Betrachtung unter Vollkostenaspekten ist problematisch, da die Kapitalkosten eines Containerschiffes schwierig zu spezifizieren sind. Der Neubaupreis von Containerschiffen hängt von einer Vielzahl von Variablen ab wie beispielsweise von der Wahl der Werft, dem erwünschten Schiffsdesign, den Finanzierungsmöglichkeiten der beauftragten Werft sowie der Reederei. DREWRY SHIPPING CONSULTANTS nehmen dabei an, dass die Kapitalkosten je Containerstellplatz (Slot) der Super-Post-Panamax- und Pa-

---

36 Vgl. JANSSON / SHNEERSON (1982), S. 225; JANSSON / SHNEERSON (1987), S. 140 f.

namax-Schiffe in etwa identisch sein dürften,[37] so dass sich die hier dargestellten Ergebnisse nicht grundlegend verändern.

DREWRY SHIPPING CONSULTANTS (Tabelle 7) geben an, dass die operativen Kosten der Super-Post-Panamax-Containerschiffe (6.000-TEU-Stellplatzkapazität), welche auf der Transpazifik-Route eingesetzt werden, ca. 9,89 Mio. US-$ pro anno betragen, wohingegen ein Panamax-Schiff (4.000-TEU-Stellplatzkapazität) lediglich Kosten von etwa 8,35 Mio. US-$ pro anno verursacht. Auf den einzelnen Slot berechnet ergeben sich bei einer Vollauslastung Kostenvorteile des Super-Post-Panamax-Schiffes in Höhe von 440 US-$ p.a. oder 27,5 US-$ je einzelne Fahrt (Leg), wenn man insgesamt acht Rundfahrten pro Jahr unterstellt. Hieraus resultiert ein Kostenvorteil der Super-Post-Panamax-Schiffe von 21 % gegenüber den Panamax-Schiffen.[38]

Abbildung 5 wurde anhand der Werte in Tabelle 7 erstellt. Sie veranschaulicht, dass die Super-Post-Panamax-Schiffe gegenüber den Panamax-Schiffen bei identischem Auslastungsgrad infolge von Economies-of-Density[39] immer einen Stückkostenvorteil aufweisen. Allerdings muss in diesem Beispiel das Super-Post-Panamax-Schiff auch stets eineinhalbmal so viel TEU geladen haben, um denselben Auslastungsgrad des Panamax-Schiffes erreichen zu können. Vergleicht man die Slot-Kosten anhand der tatsächlich transportierten TEU-Zahlen, so muss das Super-Post-Panamax-Schiff min-

---

37 Vgl. Drewry Shipping Consultants (1996a), S. 44.

38 Vgl. DREWRY SHIPPING CONSULTANTS (1996a), S. 45 sowie LIM (1998), S. 363 f.

39 Economies-of-Density resultieren aus Fixkostendegressionseffekten bei steigender Auslastung einer gegebenen Kapazität und implizieren einen fallenden Verlauf der kurzfristigen Durchschnittskosten. In der langfristigen Betrachtungsweise sind alle Produktionsfaktoren variabel. Weisen die langfristigen Durchschnittskosten nach einer totalen Faktorvariation aufgrund von steigenden Skalenerträgen ebenfalls einen fallenden Verlauf auf, so liegen Economies-of-Scale vor. Economies-of-Density sowie Economies-of-Scale lassen sich nicht eindeutig voneinander abgrenzen, da sie in letzter Instanz lediglich anhand der Fristigkeit des Betrachtungshorizontes zu unterscheiden sind. Vgl. u.a. WEIMANN (1998), S. 82 ff.

Abbildung 5: Indikative Economies-of-Density eines Super-Post-Panamax- und eines Panamax-Schiffes (in 1.000 US-$ p.a.)

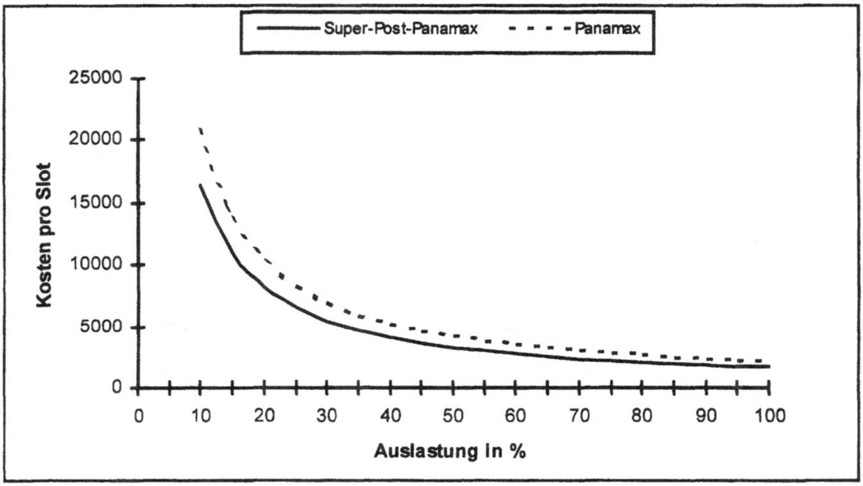

Quelle: Eigene Darstellung.

destens 4.737 TEU geladen haben, um Kostenvorteile gegenüber dem Panamax-Schiff realisieren zu können.

Das Kapazitätslimit eines Containerschiffes wird in der Regel dadurch erreicht, dass die maximalen tdw ausgenutzt werden, das Schiff ein gewisses Minimum an Stabilität aufweist oder es aufgrund der möglichen Stellplatzkapazitäten zu Kapazitätsrestriktionen kommt. Hierbei ist das Stabilitätskriterium für Containerschiffe mit einer Breite von 40 Metern aber als unwahrscheinliches Kapazitätsrestriktionsmerkmal zu betrachten. Berechnungen haben ergeben, dass die „K-Klasse" von Maersk eine mögliche maximale Kapazität von 8.100 TEU erreichen kann, wobei einige Schiffe mit 79.900 tdw klassifiziert sind. Dies impliziert, dass die modernen Maersk-Schiffe 8.100 TEU mit durchschnittlich 9,9 Tonnen Gewicht aufnehmen könnten. Selbst in Fahrtgebieten mit ungewöhnlich schweren Boxen (z.B. 14 t je TEU) könnten die

Schiffe der „K-Klasse" immer noch 5.700 TEU transportieren gegenüber lediglich 3.100 TEU bei einem 4.400-TEU-Panamax-Schiff, woraus eine höhere Kapazitätsgröße von 84 % in beiden Szenarios resultiert. Unterstellt man identische Fixkosten für beide Schiffe, so weist das Jumbo-Containerschiff einen Fixkostendegressionsvorteil im Vergleich zum Panamax-Schiff in Höhe von 46 % auf.[40]

Es sei angenommen, dass sowohl das Jumbo-Schiff als auch das Panamax-Schiff auf einer neunwöchigen Rundreise im Nordeuropa-Fernost-Verkehr eingesetzt wird. Dabei ist der Zeitaufwand für das Handling an den Terminals beim Super-Post-Panamax-Schiff um 50 % länger als beim Panamax-Schiff. PHILLIPS kalkuliert einen Treibstoffverbrauch von 230 Tonnen pro Tag für den Jumbo und 130 Tonnen pro Tag für das Panamax-Schiff. Obwohl die Treibstoffkosten insgesamt um 77 % ansteigen, verringern sich die Kosten je Slot um 4 %. Für die Kapitalkosten wird von PHILLIPS ein Anstieg um etwa 10 bis 15 % berechnet, was eine stellplatzbezogene Kostenreduktion von 40 % impliziert. Auch die Besatzungskosten je Slot reduzieren sich um etwa 50 % beim Jumbo-Containerschiff. Bei den Umschlagkosten gehen Experten davon aus, dass diese nicht mehr proportional je TEU berechnet werden. Vielmehr dürften sich diese aufgrund individuell ausgehandelter Kontrakte mit den Terminalbetreibern in ihrer Gesamtheit nicht erhöht haben. Hieraus können Kostenvorteile bei den Umschlagkosten von etwa 46 % identifiziert werden.[41]

Zusammenfassend ist festzuhalten, dass die Einsparungspotenziale der großen Schiffe von diversen Faktoren abhängen, wie beispielsweise von den Routencharakteristika (inklusive Anzahl der Anlaufhäfen), der Wahl der Ab-

---

[40] Vgl. PHILLIPS (1996), S. 67.

[41] Vgl. PHILLIPS (1996), S. 67.

schreibungsmethode[42], dem Auslastungsgrad der Schiffe, der Anzahl der Tage, in welchen sich das Schiff in Betrieb befindet, sowie dem Neubaupreis der Schiffe. Insbesondere der Neubaupreis eines Schiffes besitzt einen starken Einfluss auf die Slot-Kosten. Der Effekt eines relativ teuren Neubaupreises streckt sich über die gesamte tatsächliche Lebensdauer eines Schiffes. Infolge der starken Schwankungen am Schiffbaumarkt versuchen die Reeder, einen günstigen Zeitpunkt für ihre Schiffsinvestitionen zu nutzen. Die Wettbewerbsfähigkeit einer Reederei ist aus diesem Grunde auch stark von den Einkaufspreisen der einzelnen Schiffe der gesamten Flotte abhängig.[43]

Obwohl Einsparungspotenziale aufgrund der Ausnutzung von Density-Economies und Scale-Economies bei den aktuellen Super-Post-Panamax-Containerschiffen nachgewiesen werden, können aufgrund der Prämissensetzungen im Rahmen der verschiedenen Modellberechnungen generelle Schemata zur Ermittlung der Kostenreduktionsmöglichkeiten lediglich als grobe Indikationen betrachtet werden. Des Weiteren bedeuten Kosteneinsparungen auf See sowie an den Terminals nicht zwangsläufig, dass sich damit für die gesamte Containertransportkette geringere Kosten ergeben. So impliziert z.B. eine Reduzierung der Anlaufhäfen (Ports-of-Call) einen längeren landseitigen Containertransport oder den Einsatz von Feeder-Schiffen mit entsprechenden zusätzlichen Kosten.

---

42 Ob es sich bei Abschreibungen grundsätzlich um Kosten handelt wird zunehmend vor allem in der angelsächsischen Literatur in Frage gestellt. Abschreibungsdauer und -sätze, soweit nicht vom nationalen Gesetzgeber im Rahmen der Ermittlung der Steuerbemessungsgrundlage vorgegeben, werden innerbetrieblich determiniert. Hierbei lässt sich eine starke subjektive Bewertung kaum vermeiden. Auch werden Abschreibungen nicht auszahlungswirksam. Deswegen sollen Abschreibungen im Rahmen von Investitionsrechnungen auch nur noch insoweit berücksichtigt werden, als dass sie sich vermindernd auf die Steuerauszahlungen an den Staat auswirken. Vgl. BREALEY / MYERS (1991), S. 104 f.

43 Vgl. LIM (1994), S. 156.

2.3 Anpassung und Wandel der Containerhäfen

Der zunehmende Einsatz größerer Containerschiffe bis hin zu den Super-Post-Panamax-Schiffen verstärkt den Anpassungsdruck der Containerhäfen, um ihre Wettbewerbsposition auch zukünftig halten zu können. Nachfolgend sollen zunächst allgemein und theoretisch die Konkurrenzbeziehungen von Häfen analysiert werden. Danach erfolgt zum einen die Beschreibung der erforderlichen infra- und suprastrukturellen Notwendigkeiten der Terminalausrichtung eines Hafens, damit die größten Containerschiffe auch weiterhin bedient werden können. Neben den infra- und suprastrukturellen Veränderungen sind aber auch Produktivitätsverbesserungen notwendig, um das Mehraufkommen an Boxen pro Schiff auch effizienter und kostengünstiger durch den Terminal schleusen zu können.

2.3.1 Theoretische Determinanten des Wettbewerbs

Die Konkurrenzinterdependenzen zwischen den Containerhäfen, insbesondere innerhalb einer Hafen-Range, können theoretisch anhand des LAUNHARDT'schen Trichters[44] analysiert werden. Wenn sich beispielsweise Hafen 1 am geographischen Standort C_1 und Hafen 2 am geographischen Standort C_2 befindet, so ist es möglich, dass infolge der Entfernung zwischen beiden Häfen ihre Einzugsgebiete bei jeder beliebiger Höhe der Hinterlandtransportkosten vollständig voneinander unabhängig sind.[45]

---

[44] LAUNHARDT untersuchte mit einer Trichterkonstruktion erstmals räumliche Standort- und Wettbewerbsprobleme, die er auch auf Fragestellungen der Verkehrswirtschaft übertrug. Vgl. LAUNHARDT (1885), S. 189 ff.

[45] Vgl. SCHNEIDER (1964), S. 80.

Abbildung 6: LAUNHARDT'scher Trichter und Konkurrenzgrenze

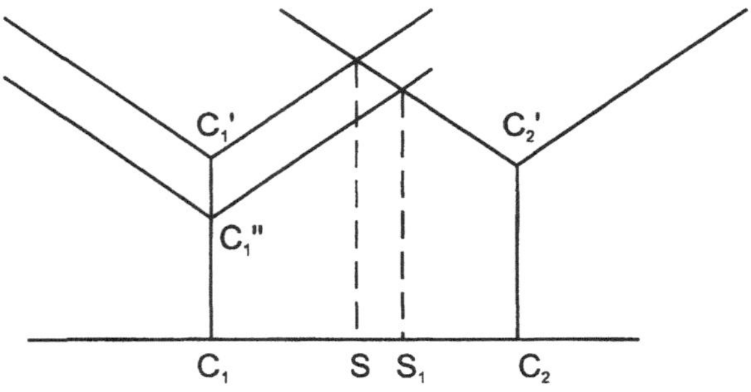

Quelle: SCHNEIDER (1964), S. 85.

Als ökonomisch interessanter ist jedoch derjenige Fall anzunehmen, bei welchem sich die Einzugsgebiete beider Häfen überschneiden. In Abbildung 6 sollen die Strecken C_1C_1' und C_2C_2' sämtliche Kosten umfassen, die an den Containerterminals der Häfen 1 und 2 anfallen. Die Darstellung des Einflusses der Hinterlandtransportkosten erhält man, indem von den C'_1- respektive C'_2-Punkten Geraden mit der Steigung f_1 und f_2 hinzugefügt werden, die die Frachtkosten je Containerkilometer für die Häfen C_1 bzw. C_2 repräsentieren. Der Punkt S auf der Horizontalen gibt die Konkurrenzgrenze zwischen den beiden Häfen an. Es sei angenommen, dass der Hafen C_1 aufgrund von Produktivitätssteigerungen seine Umschlagkosten je Container senken kann. Hieraus folgt, dass sich die Strecke C_1C_1' auf C_1C_1'' verkürzt, so dass sich die Reichweite des Trichters und somit das Einzugsgebiet des Hafens erweitern (die Konkurrenzgrenze verschiebt sich von S nach S_1). Ergeben sich Kostenersparnisse beim Hinterlandtransport, so wird f_1 sinken und sich zum einen der Trichter über dem Punkt C'_1 „aufklappen", womit das Hafeneinzugsgebiet ebenfalls vergrößert wird.[46]

Die hinsichtlich der Hinterlandtransportkosten kritischen Transportentfernungen x_1 und x_2[47] beider konkurrenzierender Häfen müssen diejenigen sein, für die

$$p_1 + f_1 \cdot x_1 = p_2 + f_2 \cdot x_2$$

gilt. Haben beide Häfen gleich hohe Umschlagkosten ($p_1 = p_2$), so ergibt sich

$$\frac{x_1}{x_2} = \frac{f_2}{f_1}.$$

Die Konkurrenzgrenze der Häfen liegt demnach dort, wo das Verhältnis der Transportentfernungen gleich dem reziproken Wert ihrer Transportkosten ist. In räumlicher Betrachtung bildet dann die Konkurrenzgrenze einen Kreis, der die Strecke C_1C_2 im Verhältnis $x_1 : x_2$ teilt.[48]

Löst man die erste Gleichung nach x_1 und x_2 auf, so ergibt sich

$$x_1 = \frac{p_2 - p_1 + f_2 \cdot x_2}{f_1},$$

$$x_2 = \frac{p_1 - p_2 + f_1 \cdot x_1}{f_2}.$$

---

46 Vgl. in Anlehnung an SCHNEIDER (1964), S. 77 ff.

47 x_1 bzw. x_2 stellen die Entfernung des Punktes der Konkurrenzgrenze von C_1 bzw. von C_2 dar.

48 Vgl. in Anlehnung an SCHNEIDER (1964), S. 82 f.

Die beiden Gleichungen können als Preis-Absatz-Funktionen interpretiert werden.[49] Mit Hilfe einer statisch-komparativen Analyse kann abgeleitet werden, dass ein Hafen seinen Marktanteil erhöht, wenn sich die eigenen Umschlag- und/oder Hinterlandtransportkosten verringern bzw. die Umschlag- und/oder Hinterlandtransportkosten des oder der Konkurrenzhäfen erhöhen.

2.3.2 Infra- und suprastrukturelle Anpassungen

Der Einsatz größerer Schiffe auf den Ost-West-Hauptrelationen impliziert größere Tiefgänge der Containerschiffe. Hieraus ergibt sich für die Häfen die Notwendigkeit, ihre Wasserzufahrtstraßen zu vertiefen oder die Terminals näher an das offene Meer zu verlegen, um auch weiterhin die größten Containerschiffe abfertigen zu können. In Tabelle 8 sind die verschiedenen Tiefgänge für Containerschiffe mit unterschiedlichen TEU-Kapazitäten dargestellt.

Die Notwendigkeit zur Vertiefung der Wasserstraßen sowie der Liegeplätze an den Kais hängt insbesondere auch von den Tideverhältnissen sowie dem Sicherheitsabstand zwischen Schiffskiel und dem Fluss- bzw. Seegrund des jeweiligen Hafens ab. Als allgemeine Regel kann hier für ein voll abgeladenes 3.000-TEU-Schiff ein minimaler Sicherheitsabstand am Kai von 0,5 m bis 1 m angenommen werden sowie 1 m bis 1,5 m für Schiffe mit einer Kapazität von über 3.000 TEU. Für die Wasserzufahrtswege sollte der Sicherheitsabstand mindestens 10 % des Tiefganges bei Niedrigwasser entsprechen.

Um ein voll abgeladenes 6.000-TEU-Schiff empfangen zu können, müssen die Schiffsliegeplätze am Terminal daher eine Wassertiefe von mindestens 15 m und eine Wasserzufahrtsstraßentiefe von mindestens 15,4 m aufwei-

---

49 Vgl. in Anlehnung an SCHNEIDER (1964), S. 85.

Tabelle 8: Standardtiefgänge von Containerschiffen bei voller Kapazitätsauslastung

Schiffskapazität in TEU	1.000	2.000	4.000	5.000	6.000	8.000
Tiefgänge in m	10	12	13	13	14	14,5

Quelle: CARGO SYSTEMS (1998), S. 79.

sen.[50] Die maximal erlaubten Schiffstiefen für den tideunabhängigen Hafenanlauf sowie die maximal verfügbaren Wassertiefen am Kai sind in Tabelle 9 für die jeweils fünf größten Containerhäfen in Nordwesteuropa, der amerikanischen Ostküste und in Fernost zusammengestellt.

Aufgrund der Tideabhängigkeit sind nur wenige Häfen auf der Welt in der Lage, ein voll abgeladenes 8.000-TEU-Containerschiff zu beliebiger Zeit in Empfang zu nehmen. Bei den Häfen, die dazu geeignet sind, handelt es sich in der Regel um speziell gebaute natürliche Tiefwasserhäfen. Um der neuesten Generation von voll abgeladenen Super-Post-Panamax-Schiffen (ca. 8.000-TEU-Kapazität) einen uneingeschränkten Hafenzugang gewährleisten zu können, müssen die Zufahrten eine Minimumtiefe von 16 m bei Niedrigwasser und die Hafenbecken eine Tiefe von mindestens 15,5 m besitzen. Unter den in Betracht gezogenen Häfen kann derzeit lediglich Rotterdam diese Minimumtiefen tideunabhängig garantieren (vgl. Tabelle 9). Hierbei ist aber zu berücksichtigen, dass die Containerschiffe niemals vollständig ausgelastet sind, wobei die Möglichkeit einer tideunabhängigen Empfangnahme der Containerschiffe insbesondere auch von deren Auslastungsgrad abhängig ist.

---

50 Vgl. CARGO SYSTEMS (1998), S. 79.

Tabelle 9: Maximal erlaubte Schiffstiefgänge und maximale Hafenbeckentiefen der fünf größten Containerhäfen in Nordwesteuropa, Fernost und USA-Ostküste (Stand: 1998)

	max. Tiefgang (m) bei tideunabhängiger Zu- und Abfahrt	Beckentiefe (m)	Terminal
Nordwesteuropa			
Rotterdam	22,55	16,6	Delta Terminals
Hamburg	12,8	15,0	Burchardkai
Antwerpen	12,2	16,1	Delwaide Dock
Felixstowe	13,2	14,0	Trinity CT
Bremerhaven	12,8	14,0	Wilhelm Kaisen CT
USA-Ostküste			
NewYork	11,1	12,2	Sea-Land Terminal
Hampton Roads	13,8	13,7	Portsmouth Marine
Charleston	11,6	12,2	Wando Welch
Jacksonville	10,5	11,6	Talleyrand Marine
Savannah	11,6	12,8	Garden City Terminal
Fernost			
Hong Kong	14,5	15,0	Terminal 8
Singapore	13,5	15,5	Pasir Panjang
Kaohsiung	14,5	14,0	Terminal 4
Busan	11,8-18,2	14,0	Shinsundae CT
Shanghai	9,7	12,5	Terminal 9

Quelle: LLOYD'S OF LONDON PRESS (1999); CONTAINERISATION INTERNATIONAL Yearbook (1999); eigene Berechnungen.

In diesem Zusammenhang versuchen derzeit viele Häfen, ihr Tidefenster mittels umfangreicher Ausbaggerarbeiten zu erweitern. Je kleiner das Tidefenster, desto notwendiger ist die Vertiefung der Hafenzufahrten, da sonst die Schiffe relativ lange auf offenem Meer bis zur nächsten Flut warten müssen, woraus sich für den Reeder zusätzliche Kosten ergeben. Bei einem relativ kleinen Tidefenster ergibt sich für den betroffenen Hafen jedoch ein Dilemma: Einerseits ist die Vertiefung der Wasserzufahrtswege mit hohen Investitions- und Instandhaltungskosten verbunden, andererseits riskiert der Hafen, Reedereikunden an andere Hafenstandorte zu verlieren.[51]

Infolge zunehmender Schiffskapazitäten sowie den daraus resultierenden Problemen mit der Wassertiefe in den Häfen, können insbesondere in der Hamburg-Le Havre-Range verstärkte Investitionen in flussabwärts gelegene Terminals konstatiert werden. Flussabwärts gelegene Containerhäfen bieten neben größeren Wassertiefen auch den Vorteil kürzerer Revierfahrten für die Schiffe. So verlagerte sich nahezu der gesamte Containerumschlag von Bremen-Stadt nach Bremerhaven. Rotterdam errichtete den Hafen Maasvlakte und Le Havre kann als vorgelagerter Hafen von Rouen betrachtet werden.[52] Lediglich Hamburg und Antwerpen konnten, obwohl sie weit flussaufwärts liegen und somit Nachteile bezüglich Wassertiefe und langer Revierfahrt haben, seit Beginn der Containerisierung ihre Marktanteile innerhalb der Range halten oder sogar ausbauen.

Dies scheint dem Trend zur Errichtung am offenen Meer gelegenen Terminals zu widersprechen.[53] Allerdings sind im Falle Antwerpens und Hamburgs Sondereinflüsse zu berücksichtigen. So fertigt Antwerpen zum Großteil Schiffe des Nordatlantik-Verkehrs ab, in welchem sich überwiegend noch vergleichsweise kleine Schiffseinheiten befinden und von dem ein geringerer Anpassungsdruck auf die Häfen hinsichtlich Wassertiefe und Revierfahrt ausgeht.[54] Hamburg hat zwar einen sehr starken Anteil im Nordeuropa-

---

[51] Vgl. CARGO SYSTEMS (1998), S. 80 und S. 84.

[52] Vgl. BAIRD (1996), S. 147 ff.

[53] Vgl. NOTTEBOOM ET AL. (1997), S. 286 f.

[54] Vgl. BAIRD (1997), S. 300 f.

Fernost-Verkehr, weist aber auch ein ausgeprägtes Lokoaufkommen an Containern auf,[55] so dass sich die Umfuhr von anderen Häfen nach Hamburg aus Kostengründen für die Reeder nicht rentiert. Jedoch wird die Marktabgrenzung innerhalb einer bestimmten Hafenrange (wie hier z.B. Hamburg-Le Havre) zunehmend obsolet, da vor allem im Marktsegment des Transhipment-Verkehrs Containerhäfen und -terminals in einer erweiterten geographischen Reichweite miteinander konkurrieren. So ist beispielsweise Felixstowe als starker Mitbewerber Rotterdams um die Feeder-Verkehre nach Großbritannien sowie Irland zu betrachten. Göteborg strebt in zunehmendem Maße danach, als Transhipment-Hafen Feeder-Verkehre in den Ostseeraum zu lenken, und durch die Errichtung von Ladecentern im Mittelmeerraum stehen den Reedern zusätzliche Routing-Optionen zur Verfügung.[56]

Als problematisch bei der Abfertigung von Super-Post-Panamax-Schiffen können sich auch die Kailängen eines Hafens erweisen. Die Länge eines Super-Post-Panamax-Schiffes beträgt etwa 320 m bis 340 m. Ist aber die Kailänge eines Containerterminals noch auf zwei Containerschiffe der 4. Generation (ca. 300 m Länge) ausgerichtet, so wird es nicht möglich sein, zwei Super-Post-Panamax-Schiffe gleichzeitig an die Kaiplätze zu legen.[57] Tabelle 10 verdeutlicht, dass die relevanten Containerterminals in den untersuchten Containerhäfen ihre Kailängen in den letzten zehn Jahren deutlich erhöht haben.

Restriktionen im Handling der Super-Post-Panamax-Schiffe ergeben sich nicht nur aufgrund der größeren Länge, sondern auch infolge einer größeren Breite der Schiffe sowie einer erhöhten Stapelung der Container auf Deck.

---

55 Das Hamburger Lokoaufkommen wird auf etwa 40 % des Containerumschlags geschätzt. Vgl. ELLER (1996), S. 77.

56 Vgl. BAIRD (1997), S. 299.

Tabelle 10: Kailängen ausgewählter Terminals der fünf größten Containerhäfen in Nordwesteuropa, Fernost und USA-Ostküste (1987 und 1997)

	Kailänge in m 1987	Kailänge in m 1997	Veränderung in m
Nordwesteuropa			
Rotterdam – Delta Terminal (Europahaven)	1.250	1.650	400
Hamburg – Burchardkai	2.350	2.850	500
Antwerpen – Hessenatie	1.070	3.367	2.297
Felixstowe – Trinity CT	622	2.334	1.712
Bremerhaven – Wilhelm Kaisen CT	2.300	3.000	700
USA-Ostküste			
New York (Global Marine Terminal)	550	550	0
Hampton Roads – Norfolk International	1.290	1.290	0
Charleston Wando Welch Terminal	835	1.180	345
Jacksonville – Talleyrand Terminal	1.464	1.464	0
Savannah Garden City Terminal	1.410	2.356	946
Fernost			
Hong Kong - Kwai Chung Container Port	3.528	6.059	2.531
Singapore - Tanjong Pagar Terminal (Keppel, Brani, Pasir Panjang für 1997)	3.060	8.257	5.197
Kaohsiung – Terminals 1-4	3.446	4.862	1.416
Busan – Container Terminal	1.262	3.147	1.885
Shanghai (Terminals 9,10 & 14 für 1997)	966	2.281	1.315

Quelle: CONTAINERISATION INTERNATIONAL Yearbook (verschiedene Jahrgänge), LLOYD'S OF LONDON PRESS (verschiedene Jahrgänge); eigene Berechnungen.

---

[57] Vgl. CARGO SYSTEMS (1998), S. 91.

Tabelle 11: Kategorien von Containerbrücken und deren Reichweite

	Reichweite in m	Anzahl Container quer auf Deck
Panamax (klein)	< 36	< 14
Standard-Panamax	36-44	14-16
Post-Panamax	44-48	16-18
Super-Post-Panamax	> 48	18-22

Quelle: CARGO SYSTEMS (1998), S. 92.

Bei einer Breite von ca. 43 m können die aktuellen Super-Post-Panamax-Schiffe 17 Containerreihen laden. Zukünftige 10.000-TEU-Schiffe wären in der Lage, etwa 21 bis 22 Reihen zu laden. Hieraus resultiert ein Anpassungsdruck der Häfen bei der Wahl der Containerbrücken, insbesondere beim Merkmal der Reichweite. Die Reichweite einer Containerbrücke ist abhängig davon, wie weit die Containerbrücken von der Kaimauer zurückgesetzt werden. Dabei gilt ein Zurücksetzen der Frontschiene von 3 m bis 4 m als Standard, obwohl einige Häfen ihre Brücken auch lediglich etwa 1,5 m von der Kaimauer entfernt zurücksetzen.[58]

In Tabelle 11 sind unterschiedliche Kategorien von Containerbrücken sowie die dazugehörigen Reichweiten dargestellt, wobei ein Standardzurücksetzen der vorderen Schiene angenommen wird. Um die zunehmend größeren Schiffe auch weiterhin bedienen zu können, mussten die Terminals im Zeitablauf regelmäßig in neue Dimensionen von Containerbrücken investieren. Der Trend zu den Super-Post-Panamax-Containerbrücken verstärkte sich daher auch vor allem seit 1995, was aus der Tabelle 12 zu entnehmen ist.

---

58 Vgl. CARGO SYSTEMS (1998), S. 90 ff.

Tabelle 12: Kategorien von Containerbrücken und deren Baujahr (Anzahl weltweit)

	1995-99*	1990-94	1985-89	1980-84	1975-79
Panamax (klein)	69	59	83	108	132
Standard-Panamax	173	173	199	193	124
Post-Panamax	204	216	65	3	3
Super-Post-Panamax	300	34	4	7	-
Unbekannt	22	1	2	-	-
Total	768	483	353	311	259

* inklusive allen geplanten Lieferungen/Optionen/Bestellungen.

Quelle: CONTAINERISATION INTERNATIONAL (1997), S. 21; eigene Berechnungen.

Für den Zeitraum von 1995 bis 1999 liegt der Anteil der bestellten und bereits ausgelieferten Super-Post-Panamax-Containerbrücken bei fast 40 % aller weltweit in Betrieb befindlichen Containerbrücken, wobei bis zum August 1997 mit Super-Post-Panamax-Brücken ausschließlich in Europa, Ostasien sowie Amerika operiert wurde.[59]

Viele Häfen, welche die Super-Post-Panamax-Brücken bestellt oder bereits eingesetzt haben, können deren maximale Reichweite mit hoher Wahrscheinlichkeit nicht ausnutzen, da die größten Containerschiffe diese Häfen nicht anlaufen werden. Viele Reedereien reduzieren bereits in verstärktem Maße ihre Anlaufhäfen, so dass die Anzahl der Häfen, die Containerbrücken mit einer Reichweite von mehr als 48 m benötigen, sinkt. Es ist jedoch zu berücksichtigen, dass das Vorhalten von Super-Post-Panamax-Brücken das

---

59 Allerdings lagen auch Bestellungen von Terminals aus dem Mittleren Osten und aus dem Indischen Subkontinent vor. Vgl. CONTAINERISATION INTERNATIONAL (1997), S. 13.

Image eines Hafen verbessert. Zudem versuchen die Terminals, den anhaltenden Preisverfall für solche Containerbrücken zu nutzen.[60]

2.3.3 Produktivitätssteigerung im Hafen

Die zunehmenden Schiffsgrößen machen es erforderlich, dass in den Häfen, wie im vorherigen Abschnitt beschrieben, Containerbrücken mit einer verlängerten Reichweite eingesetzt werden. Generelle Zielsetzung ist hierbei, die Produktivität zu erhöhen und damit die Umschlagkosten zu senken. Bei der Abfertigung eines 7.000-TEU-Schiffes gilt eine Containerbrückenproduktivität von 40 Moves pro Stunde als Minimum.[61] Heutzutage wird die Gesamtproduktivität eines Durchschnittsterminals zwischen 120 und 150 Moves pro Stunde taxiert, was bei 5 Containerbrücken eine Produktivität von 24 bis 30 Moves pro Stunde implizieren würde.[62]

Die individuelle Produktivität einer Containerbrücke ist schwierig zu bestimmen. Die Brückenhersteller geben in der Regel einen rechnerisch-technischen Wert aus Hub- und Fahrgeschwindigkeit an, woraus sich bei den neuen Super-Post-Panamax-Brücken etwa 50 Moves je Stunde ergeben. Allerdings können Witterungseinflüsse (z.B. Nebel, starker Regen etc.) die Containerbrückenproduktivität beträchtlich beeinflussen. Im Rahmen einer

---

60 Vgl. FOXCROFT (1999), S. 18.

61 Vgl. CARGO SYSTEMS (1998), S. 102.

62 Vgl. PAYER (1998), S. 32, der lediglich die Gesamtproduktivität eines Terminals angibt, ohne die Information zu liefern, wie viele Containerbrücken dabei im Durchschnitt eingesetzt werden. Die Anzahl von 5 Containerbrücken wurde hier unterstellt.

In diesem Zusammenhang ist es interessant, dass Singapur im Rahmen des ersten Hafenanlaufs der Regina Maersk ca. 3.500 Boxen in 18 Stunden umgeschlagen hat, woraus sich bei einem unterstellten Einsatz von 5 Containerbrücken rund 39 Moves pro Stunde und Containerbrücke sowie eine Terminalproduktivität von 194 Moves je Stunde errechnen. Vgl. MCLELLAN (1997), S. 208.

individuellen Brückenproduktivität kommt es auch vor allem auf die Geschicklichkeit sowie dem Ausbildungsstand der Brückenfahrer an, so dass technisch-standardisierte Produktivitätsangaben nicht sehr aussagefähig sind. Die Werte von 24 bis 30 Moves je Stunde und Containerbrücke für ein Durchschnittsterminal werden in der Fachwelt allgemein als realistisch anerkannt.[63]

Für das optimale Löschen eines 8.000-TEU-Schiffes muss nach PAYER ein Terminal zukünftig eine Gesamtproduktivität von 330 Moves garantieren können. Als praktisches Limit an Containerbrücken, die simultan ein solches Schiff von über 300 m Länge abfertigen, sieht er maximal fünf bis sechs Kräne gleichzeitig. Folglich hat jede Brücke 55 bis 66 Moves je Stunde zu leisten. Mit Hilfe der Bedienung eines Schiffes von zwei Seiten könnte die Brückenproduktivität weiter erhöht werden. Dabei würde das Schiff mit sechs Doppelkränen in einem Dock jeweils auf beiden Seiten bearbeitet, wobei jeder eine Produktivität von 55 Moves pro Stunde erreicht. Auf diese Weise ließe sich theoretisch die Terminalproduktivität auf 660 Moves pro Stunde steigern. Infolge einer solchen Produktivitätssteigerung könnten die erwarteten ökonomischen Vorteile eines zukünftigen Containerschiffes mit einer Kapazität von über 10.000 TEU besser ausgeschöpft werden.[64]

Als modernes Terminal wird im Verlaufe des Jahres 2001 das Ceres Paragon Terminal in Amsterdam seinen Betrieb aufnehmen. Dieses wird das erste Terminal der Welt sein, welches die Containerschiffe von zwei Seiten bearbeitet. Die Produktivität dieses Terminals wird auf 300 Containermoves je Stunde taxiert, was im Vergleich zu den jetzigen Durchschnittsterminals eine Produktivitätserhöhung von 100 bis 150 % bedeutet. Das geplante Terminal

---

63 Vgl. o.V. (1999a), S. 92.

64 Vgl. PAYER (1998), S. 32.

soll weiterhin eine Fläche von 50 ha umfassen. Die voraussichtliche Kapazität liegt bei etwa 950.000 TEU pro Jahr.[65]

Neben den technischen Aspekten bei den Containerbrücken ist es aber auch notwendig, die Brückenproduktivität mittels Ausnutzung von Lerneffekten zu verbessern. Hier ist beispielsweise zu berücksichtigen, dass die Arbeitsproduktivität auch von den verschiedenen Schiffstypen und -charakteristika abhängig ist. Ein bestimmter Schiffstyp oder eine spezifische Schiffsklasse, mit welchem die Arbeitskräfte am Terminal bereits ausreichende Erfahrungen sammeln konnten, wird in der Regel effizienter gelöscht und beladen als dieses beim ersten Hafenanlauf der Fall war.[66] Des Weiteren wird ein Terminal, das sich in einem ausgeprägteren Wettbewerb als andere befindet (z.B. innerhalb der Hamburg-Le Havre-Range), infolge sorgfältigerer Planung, effektiverer Organisation sowie Intensivierung der Beobachtung der unmittelbaren Wettbewerber eine signifikante Verbesserung seiner Lerneffekte aufweisen.[67]

In Tabelle 13 wird deutlich, dass alle dort einbezogenen Terminals ihre Containerbrückenproduktivitäten (TEU/Brückenstunde) von 1987 bis 1997 um durchschnittlich 46 % steigern konnten, wobei hier jedoch die Anzahl der gesamten Jahresstunden (8.760 Stunden) und nicht die tatsächlich am Schiff geleisteten Arbeitsstunden als Nenner des Quotienten herangezogen wurden. Hieraus resultiert ein starker Einfluss der Terminalauslastung auf die Produktivitätskennziffer, so dass Rückschlüsse auf die individuelle Brückenproduktivität am Schiff nur eingeschränkt möglich sind.[68]

---

65 Vgl. o.V. (1999b), S. 20.

66 Vgl. DOWD / LESCHINE (1990), S. 108.

67 Vgl. TABERNACLE (1995), S. 122 f.

68 Produktivität und Auslastung charakterisieren hier denselben Sachverhalt.

Tabelle 13: Produktivitätsvergleiche ausgewählter Terminals in Nordwesteuropa, Fernost und USEC 1987 und 1997

Nordwesteuropa	Jahr	TEU / Kaimeter	TEU / Brückenstunde	TEU / ha
Rotterdam				
ECT-Terminals (inkl.Home Terminal)	1987	345	8	8.120
ECT-Terminals (exkl.Home Terminal)	1997	712	15	16.883
Hamburg				
Burchardkai	1987	302	7	10.131
Burchardkai	1997	542	11	10.293
Antwerpen				
Hessenatie	1987	352	11	4.954
Hessenatie	1997	544	13	11.656
Felixstowe				
Walton CT	1987	716	12	16.166
Trinity CT	1997	643	14	13.761
Bremerhaven				
Wilhelm Kaisen CT	1987	389	6	5.587
Wilhelm Kaisen CT	1997	553	11	6.909
Mittelwerte Nordwesteuropa	1987	421	9	8.992
	1997	599	13	11.901
USEC	**Jahr**	**TEU / Kaimeter**	**TEU / Brückenstunde**	**TEU / ha**
New York				
Global Marine Terminal	1987	364	6	4.988
Global Marine Terminal	1997	428	7	5.873
Hampton Roads				
Norfolk International	1987	217	5	1.443
Norfolk International	1997	427	9	2.230
Charleston				
Wando Welch Terminal	1987	236	8	3.949
Wando Welch Terminal	1997	565	8	7.707
Jacksonville				
Blount Island & Talleyrand Terminal	1987	66	2	3.041
Blount Island & Talleyrand Terminal	1997	198	8	5.194
Savannah				
Garden City Terminal	1987	257	5	3.734
Garden City Terminal	1997	313	6	2.173
Mittelwerte USEC	1987	228	5	3.431
	1997	386	8	4.635
Fernost	**Jahr**	**TEU / Kaimeter**	**TEU / Brückenstunde**	**TEU / ha**
Hong Kong				
Kwai Chung Container Port	1987	689	10	19.299
Kwai Chung Container Port	1997	1.557	17	43.079
Singapore				
Tanjong Pagar Terminal	1987	801	13	20.249
Keppel / Brani / Pasir Panjang	1997	1.757	17	56.023
Kaohsiung				
Terminal 1-4	1987	806	13	21.541
Terminal 1-4	1997	1.171	19	27.504
Busan				
CT	1987	1.004	18	20.120
Jusungdae CT / Shinsinduae / UAM	1997	1.146	20	19.491
Shanghai				
Shanghai CT	1987	232	4	5.463
Terminal 9, 10 & 14	1997	774	13	20.535
Mittelwerte Fernost	1987	707	12	17.335
	1997	1.281	17	33.326
Mittelwerte alle Terminals	1987	452	9	9.919
	1997	755	12	16.621

Quelle: LLOYD'S OF LONDON PRESS (verschiedene Jahrgänge); CONTAINERISATION INTERNATIONAL Yearbook (verschiedene Jahrgänge); eigene Berechnungen.

Auch für die Kai- sowie für die Flächenproduktivität ergeben sich für den Durchschnitt aller Terminals im Jahre 1997 höhere Werte als im Vergleich zu 1987. So stieg die Flächenproduktivität (TEU/ha) um insgesamt 68 % und die Kaiproduktivität (TEU/Kaimeter) um mehr als 67 % für alle aufgeführten Terminals an. Die Tabelle 13 unterstreicht zudem die herausragende Produktivitätsstellung der asiatischen Häfen. So haben die untersuchten Fernost-Terminals im Jahre 1997 eine Kaiproduktivität von 1.281 TEU je Kaimeter, eine Brückenproduktivität von 17 TEU pro Stunde und eine Flächenproduktivität von 33.326 TEU je Hektar erreicht. Insbesondere die Flächenproduktivität in Fernost ist ungefähr mehr als dreimal so hoch wie die der nordwesteuropäischen Terminals und erreicht den siebenfachen Wert der Terminals an der amerikanischen Ostküste.

Als Ursache für die starken Produktivitätsvorsprünge asiatischer Häfen lässt sich einerseits das dynamische Nachfragewachstum nach Containerumschlagdienstleistungen in Fernost anführen. Dieses dynamische Nachfragewachstum trifft auf ein im Vergleich zu Europa und Nordamerika relativ beschränktes Angebot an Hafeninfrastruktur in den fernöstlichen Ländern. Hieraus resultiert, dass weniger für den Containerverkehr geeignete Umschlagplätze als Hinterland-Gateways zur Verfügung stehen. Als Konsequenz sind asiatische Terminalbetreiber mit einem erhöhten Auslastungsdruck ihrer Umschlaganlagen konfrontiert. Demgegenüber haben staatliche Subventionen in Europa und den Vereinigten Staaten zur Folge, dass in den Containerterminals vielfach Überkapazitäten geschaffen werden, die eine Minderauslastung der Umschlageinrichtungen mit entsprechend geringen Produktivitäten bewirken.[69]

---

69 Vgl. CHEN (1998), S. 298 f.

Aufgrund der hohen Produktivitätskennzahlen der aufgeführten Fernost-Terminals ist weiterhin die Frage zu klären, ob diese Werte sowohl für die nordwesteuropäischen als auch für die USEC-Häfen als Benchmark dienen können. Hierbei ist zu berücksichtigen, dass die asiatischen Häfen aufgrund der regionalen geographischen Eigenschaften z.T. über monopolartige Positionen verfügen und somit die Reeder bei Auftreten von Stauungsproblemen keine oder äußerst unattraktive Substitutionsmöglichkeiten haben. In Nordwesteuropa und den USEC-Häfen ist hingegen der Wettbewerbsdruck auf die Häfen wesentlich intensiver. Die Containerterminals haben hier ihre Kapazitäten so zu wählen, dass Spitzenlastperioden problemlos aufgefangen werden können. Hiermit soll ein Abwandern der Reeder an andere nahegelegene Hafenstandorte verhindert werden.

Als Benchmark kann hier das geplante Terminal Altenwerder in Hamburg dienen. Es wird in der Endausbauphase im Herbst 2003 eine Kailänge von 1.400 m sowie eine Gesamtfläche von ca. 79 ha aufweisen. Die Container sollen mit vierzehn Super-Post-Panamax-Brücken umgeschlagen werden.[70] Die Gesamtkapazität dieses Terminals wird auf 1,8 Mio. TEU/Jahr[71] veranschlagt. Aus diesen Zahlen würde sich bei Vollauslastung eine Kaiproduktivität von 1.285 TEU je Kaimeter, eine Flächenproduktivität von 22.785 TEU je Hektar[72] sowie eine Brückenproduktivität von 15 TEU je Stunde ergeben. Die individuelle Brückenproduktivität am Schiff soll bei etwa 35 Moves pro Stunde liegen.[73]

---

70 Vgl. BAKER (1999), S. 24 f.

71 Vgl. o.V. (1999c), S. 2.

72 Die sehr hohe Flächenproduktivitätswert bei Vollauslastung lässt sich insbesondere durch die starke Automatisierung des Terminals und die hieraus resultierenden Produktivitätsgewinne erklären.

73 Vgl. BAKER (1999), S. 24.

Neben der angemessenen Dimensionierung der Infra- und Suprastruktur ist es möglich, durch eine optimale Zwischenlagerung der Container nach dem Empfang am Gate oder am Kai die Terminalproduktivität zu erhöhen. So können insbesondere Exportcontainer nach der Übernahme am Gate bereits gemäß ihrem Status sortiert und zwischengelagert werden, beispielsweise getrennt nach Reedereien. Als weitere Sortierkriterien können das Ladeschiff, die unterschiedlichen Entladehäfen, die Unterscheidung zwischen 20'- und 40'-Containern sowie die Gewichtskategorien dienen. Mit Hilfe dieser Sort-and-Store-Lagerstrategie[74] wird vor allem die Reduzierung unproduktiver Moves durch die Van-Carrier auf den Containerstellplätzen am Terminal erreicht. Weiterhin wird hierdurch die Repositionierung eines Containers bei Statuswechsel beschleunigt. Nachteilig wirkt sich bei dieser Strategie allerdings die zusätzlich benötigte Anzahl von Boden-Slots aus, auf denen die Container gemäß Sortierkriterien zusammen gelagert werden.[75]

Bei den Importcontainern, die am Kai vom Schiff entgegengenommen werden und in der Regel ebenfalls am Terminal zwischengelagert werden, sind ebenfalls logistische Strategien für ein effizienteres Handling zu entwickeln. Antizipierte Importcontainer, die noch nicht zur Auslieferung am Gate bereit und gerade vom Schiff abgeladen sind, werden häufig auf die bereits zur fertigen Auslieferung bereitstehenden Container gestapelt, wobei im Falle der tatsächlichen Übergabe dieser Container die antizipierten Importcontainer wieder herunterzustapeln sind. Auch aus diesen Vorgängen ergeben sich unproduktive Moves am Terminal. Diese ineffizienten Moves werden um so größer, je höher die Container gestapelt sind. In der strategischen Lagerplanung kann daher eine geringere Stapelung der gemischten Importcontainer

---

74 Diese Strategie wird heute EDV-gestützt angewendet, wobei auch moderne Hilfsmittel der Containeridentifizierung (Scanner) und der Lagerortbestimmung (GPS) zum Einsatz kommen.

von Vorteil sein. In diesem Zusammenhang muss der Trade-Off zwischen der gesamten am Boden verfügbaren Stellplatzkapazität sowie der Höhe der Containerstapelung optimiert werden.[76]

Insgesamt zeigt sich, dass Produktivitätsverbesserungen der Containerterminals sowohl beim Einsatz der Hardware (Containerbrücken, angemessene Größe der Kailängen und Terminalflächen) als auch bei der Prozessoptimierung des Containers am Terminal erforderlich sind, um die größeren Schiffskapazitäten abfertigen und die damit einhergehenden steigenden Containervolumen effizient durch den Terminal schleusen zu können. In diesem Zusammenhang repräsentieren die Super-Post-Panamax-Schiffe für die Häfen nicht ausschließlich eine technische, sondern auch eine logistische Herausforderung.

2.4 Aufbau von Transportketten

Die Containerisierung des Seeverkehrs mit zunehmenden Schiffsgrößen hat für die Reedereien verschiedene strategische Gesichtspunkte zur Folge. Hierbei ist zunächst die Frage zu lösen, welche Struktur ihres Transportnetzwerkes eine möglichst hohe Auslastung der eingesetzten Schiffskapazitäten sicherstellt. Werden hierbei Hub-and-Spoke-Netzwerke bevorzugt, so bedingt diese Strategie einerseits den Aufbau intramodaler Transportketten mit Hilfe von Feeder-Verkehren über See. Die Erschließung eines möglichst großen Hinterlandes zur Sicherstellung eines hohen Transportvolumens erfordert dagegen den Aufbau multimodaler Transportketten in Kombination mit dem jeweils günstigsten Verkehrsträger. Aufbau und Gestaltung der Transport-

---

[75] Vgl. CHEN (1999), S. 30 ff.

[76] Vgl. CHEN (1999), S. 34 f.

ketten kann hierbei durchaus in Interessenkongruenz zwischen Reedereien und Seehafenbetreibern erfolgen.

2.4.1 Theoretische Analyse alternativer Transportnetzwerke

In diesem Abschnitt soll eine besondere Eigenschaft von Transportunternehmungen aufgezeigt werden, nämlich die Möglichkeit neben Preis- und Mengenentscheidungen auch die Netzwerkstruktur als strategische Variable einsetzen zu können.

Abbildung 7 illustriert drei verschiedene Häfen. Container, die von Hafen A zum Hafen C transportiert werden, können entweder direkt (Abb. 7a) oder über den Hafen B (Abb. 7b) als Hub-Port geroutet werden. Transporte mittels Direktverbindungen nennt man auch Fully-Connected-Netzwerke (FC-Netzwerke), wohingegen bei Transporten über Dritthäfen von Hub-and-Spoke-Netzwerken (HS-Netzwerk) gesprochen wird. In Abbildung 7a,b sind die Verbindungen lediglich in eine Richtung eingezeichnet, obwohl selbstverständlich auch die Gegenrichtung in die ökonomische Beschreibung mit eingehen kann. In den hier anschließenden theoretischen Betrachtungen sollen aber aus Vereinfachungsgründen keine Rundreisen Gegenstand der Überlegungen sein, wobei aber die Relevanz der Schlussfolgerungen der Modelle qualitativ nicht vermindert werden.

Die hier dargelegten formalen Argumentationen folgen im Wesentlichen SHY[77]. Sie versuchen, HS- sowie FC-Netzwerke zum einen mit Hilfe eines

---

[77] Für die nachstehenden formalen Ausführungen in diesem Abschnitt vgl. SHY (1995), S. 442-446. Die Modelle wurden vom Verfasser für die Containerschifffahrt modifiziert. SHY bezieht sich beim kostenorientierten Modell auf BITTLINGMAYER (1990) und präsentiert dieses in stark reduzierter Form.

Abbildung 7: Fully-Connected- und Hub-and-Spoke-Netzwerke

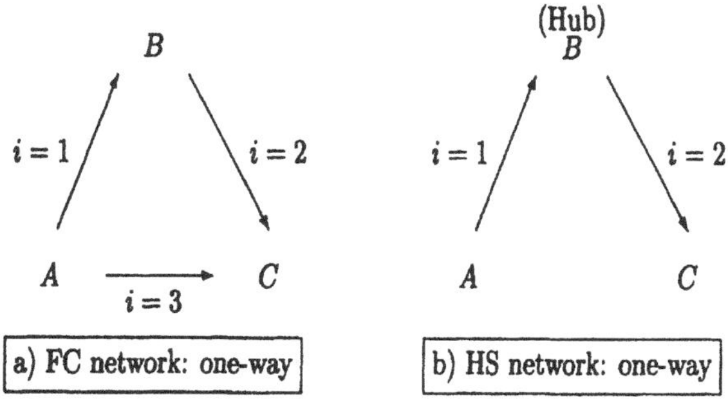

Quelle: SHY (1995), S. 442.

kostentheoretischen, zum anderen anhand eines nachfrageorientierten Ansatzes zu analysieren.

Beim kostenorientierten Ansatz wird unterstellt, dass die Kostenfunktion einer Reederei abhängig von der Anzahl der transportierten Container n auf einer Route i ist:

$$TC(n_1, n_2, n_3).$$

Des Weiteren soll die Gesamtkostenfunktion sich aus den einzelnen additiv verknüpften Kostenfunktionen der einzelnen Relationen zusammensetzen.

$$TC(n_1, n_2, n_3) = c(n_1) + c(n_2) + c(n_3),$$

wobei die Kostenfunktion

$$c(n) = F + n^2$$

für jede Strecke angenommen wird.

Im Rahmen eines FC-Netzwerkes ergibt sich hieraus die Gesamtkostenfunktion

$$TC^{FC} = 3F + n_1^2 + n_2^2 + n_3^2 .$$

Mit der Einführung eines HS-Netzwerkes wird sich die Gesamtkostenfunktion der Reederei wie folgt darstellen:

$$TC^{HS} = 2F + (n_1 + n_3)^2 + (n_2 + n_3)^2 .$$

Wird zudem die Prämisse gesetzt, dass die Anzahl der transportierten Container auf jeder Route identisch ist ($n_i = n$), so wird das HS-Netzwerk kostengünstiger sein, wenn die Fixkosten zur Aufrechterhaltung der Strecke ($i = 3$) relativ groß im Vergleich zum Containeraufkommen sind:[78]

$$TC^{HS} < TC^{FC} \qquad \text{wenn} \qquad F > 5n^2 \quad \text{oder} \quad n < \sqrt{\frac{F}{5}} .$$

Des Weiteren kann postuliert werden, dass das HS-Netzwerk kostengünstiger ist, wenn das Transportvolumen an Containern geringer wird.

Das folgende nachfrageorientierte Modell geht von der Argumentation aus, dass der Output einer Containerreederei von der Anzahl der Abfahrten (z.B. pro Woche) und nicht von der Anzahl der tatsächlich transportierten TEU determiniert wird. Der Transportpreis je Containerreise auf der Route i ist mit p_i dargestellt. Des Weiteren soll d_i berücksichtigen, ob es sich um eine Direktverbindung, $d_i = 1$, oder um ein Routing über den Hub handelt, $d_i = 0$. Jeder Container n der i-ten Strecke wird nur einmal befördert. Der Nutzen des Versenders oder Abladers auf der Route i ist durch den Transportpreis p_i, der

[78] Vgl. SHY (1995), S. 443.

Abfahrtsfrequenz der Linienschiffe f_i sowie der Verbindungsstruktur d_i bestimmt. Die Nutzenfunktion des Versenders kann formal nun mit

$$U_i = \begin{cases} d_i\delta + \sqrt{f_i} - p_i & \text{, wenn } p_i \leq d_i\delta + \sqrt{f_i} \quad \text{und } f_i \geq 0 \\ 0 & \text{, sonst.} \end{cases}$$

angegeben werden, wobei δ die zusätzliche Zahlungsbereitschaft des Versenders für eine Direktverbindung darstellt, und $\sqrt{f_i}$ den Nutzengewinn von einer Erhöhung der Abfahrtsfrequenz angibt.

Wenn es sich nun ausschließlich um Direktverbindungen handelt, so wird die Reederei (sofern es sich um den einzigen Anbieter nach Containertransporten handelt) sich in ihrer Preissetzung so verhalten, dass die gesamte Zahlungsbereitschaft der Versender abgeschöpft wird ($p_i = \delta + \sqrt{f_i}$). Aufgrund der Symmetrieannahme werden alle drei Routen mit derselben Abfahrtsfrequenz bedient, so dass $f = f_i$ für jedes i ist. Die operativen Kosten je Abfahrt werden durch c repräsentiert. Zudem sei die Prämisse gesetzt, dass auf allen Strekken die gleiche Anzahl von Containern transportiert wird ($n_1 = n_2 = n_3 = n$). Die Gewinnfunktion der Reederei ist folglich

$$\pi^{FC} = n(p_1 + p_2 + p_3) - 3cf = 3n\left(\delta + \sqrt{f}\right) - 3cf\,,$$

wobei π^{FC} die Gewinnfunktion der Reederei bei einem FC-Netzwerk darstellt. Die erste Ableitung von π^{FC} nach f liefert

$$\frac{\partial \pi^{FC}}{\partial f} = \frac{3nf^{-0,5}}{2} - 3c = 0\,.$$ [79]

---

[79] Da die zweite Ableitung nach f negativ ist, handelt es sich um ein Gewinnmaximum.

Aus dieser Relation ergeben sich nun die gewinnmaximalen Abfahrtsfrequenzen und Preise sowie das Gewinn-Niveau des FC-Netzwerks:

$$f_i^{FC} = \left(\frac{n}{2c}\right)^2 \quad ; \quad p_i^{FC} = \delta + \frac{n}{2c} \quad ; \quad \pi^{FC} = 3n\left(\delta + \frac{n}{2c}\right) - 3c\left(\frac{n}{2c}\right)^2 .$$

Aus diesen Ergebnissen kann nun gefolgert werden, dass die gewinnmaximierende Abfahrtsfrequenz f_i^{FC} mit zunehmendem Containervolumen n ansteigt. Das Gewinn-Niveau π^{FC} erhöht sich mit steigendem Containeraufkommen sowie einer stärkeren Zahlungsbereitschaft δ für Direktverbindungen seitens der Ablader.

Aufgrund der Annahme, dass die Ablader gewillt sind, zusätzlich für stärker frequentierte Relationen zu zahlen, besteht für den Reeder ein Anreiz, zusätzliche Abfahrten bereitzustellen, da dies erlössteigernd wirkt. Hieraus lässt sich ein Erklärungsindiz ableiten, warum die Reeder häufig nicht voll ausgelastete Schiffe in Verbindung mit einer erhöhten Anzahl von Abfahrtsterminen in Kauf nehmen, anstatt weniger Abfahrten mit stärker ausgelasteten Schiffen anzubieten.[80]

Es sei nun angenommen, dass die Reederei auf der Route i = 3 keine Direktverbindung anbietet, sondern alle Container über den Hub-Port B leitet. Da die Container auf der Route 3 nun indirekt ihre Destination erreichen werden, ist $d_3 = 0$, so dass $p_3 = \sqrt{f_3}$ und $p_i = \delta + \sqrt{f_i}$ mit i = 1, 2. Die Anzahl der transportierten Container sei auf allen Strecken weiterhin gleich verteilt ($n_i = n$). Die Gewinnfunktion des Reeders kann nun wie folgt aufgestellt werden:

$$\pi^{HS} = n(p_1 + p_2 + p_3) - 2cf = 2n\delta + 3n\sqrt{f} - 2cf.$$

---

80 Vgl. SHY (1995), S. 445.

Die Gleichung wird nun maximiert, indem nach f abgeleitet wird.

$$\frac{\partial \pi^{HS}}{\partial f} = \frac{3nf^{-0,5}}{2} - 2c.$$[81]

Hieraus lassen sich die gewinnmaximalen Abfahrtsfrequenzen, die gewinnmaximalen Preise sowie schließlich das Gewinn-Niveau selbst für das HS-Netzwerk errechnen.

$$f^{HS} = \left(\frac{3n}{4c}\right)^2 \quad ; \quad p_i^{HS} = \delta d_i + \frac{3n}{4c} \quad \text{für } d_1 = d_2 = 1, \quad d_3 = 0 \quad ;$$

$$\pi^{HS} = 2n\delta + \frac{9n^2}{4c} - 2c\left(\frac{3n}{4c}\right)^2.$$

Vergleicht man die Abfahrtsfrequenzen, Preise und Gewinn-Niveaus eines FC-Netzwerkes mit dem HS-Netzwerk, so lassen sich folgende Aussagen treffen:[82]

- Die Reederei wird eine höhere Abfahrtsfrequenz unter dem HS-System anbieten als es bei einem FC-Netzwerk der Fall wäre ($f^{HS} > f^{FC}$).
- Der Transportpreis der von oder zu dem Hub beförderten Containern ist bei einem HS-System höher als bei einem FC-Netzwerk ($p_i^{HS} > p_i^{FC}$ für i = 1, 2).
- Ein Vergleich der beiden Gewinn-Niveaus verdeutlicht, dass die Reederei ein HS-System bevorzugen wird, solange die zusätzliche Zahlungsbereit-

---

[81] Auch hier ist das Vorzeichen der zweiten Ableitung negativ, so dass die hinreichende Bedingung für ein Gewinnmaximum erfüllt wird.

[82] Vgl. SHY (1995), S. 446.

schaft der Verlader δ für einen Direkttransport einen bestimmten Schwellenwert δ* nicht übersteigt. Der Schwellenwert liegt bei $\delta^* = 3n/8c$.

2.4.2 Aufbau von Hinterlandverkehren

Der wirtschaftliche Einzugsbereich eines Hafens wird neben seinem Lokoaufkommen von der verkehrsinfrastrukturellen Erschließung des Hinterlandes und der Leistungsfähigkeit der dort operierenden Verkehrsträger determiniert. Bei freiem Wettbewerb der Verkehrsträger bildet sich im Hinterland ein „Transportmix" (Modal-Split), der die kostengünstige Versorgung mit Transportdienstleistungen sicherstellt.

In ***Europa*** wurden im Jahre 1999 in allen Häfen etwa 49 Mio. Container umgeschlagen. Hiervon können etwa 11 Mio. Container dem Transhipment-Verkehr zugeordnet werden, so dass ca. 38 Mio. Boxen sowohl mittels der terrestrischen Verkehrsträger (Lkw, Bahn) als auch dem Binnenschiff zu den Terminals gebracht bzw. abgefahren wurden.[83] Tabelle 14 zeigt den Modal-Split der einzelnen Verkehrsträger (außer Transhipment-Verkehre) bei den Containervor- und -nachläufen der europäischen Seehäfen von 1982 bis 1999.

Im Inlandsverkehr hat der Lkw von 1982 bis 1999 seinen Marktanteil von 74 % auf 83 % vergrößern können, während die Bahn mit einem Rückgang von 26 % auf 16 % im selben Zeitraum sehr starke Anteilsverluste hinnehmen musste. Im grenzüberschreitenden Verkehr erhöhte das Binnenschiff seinen Anteil von 12 % auf 38 % aller Hinterlandverkehre, wobei hier vor allem der

---

83 Vgl. MDS TRANSMODAL (1998), S. 10; eigene Berechnungen.

Rhein aufgrund seiner besonderen nautischen Möglichkeiten[84] die Hinterlandverkehre via Binnenschiff begünstigt. Des Weiteren sind die Binnenwasserstraßen ein weitestgehend offener Markt, so dass der Wettbewerb unter den Binnenschiffsreedereien als sehr intensiv bezeichnet werden kann. Die hieraus stammenden Verbesserungen im Service sowie im Preis in Kombination mit größeren Schiffen haben das Binnenschiff zum eigentlichen „Containerisierungsgewinner" entlang des Rheins werden lassen.[85] Die Bahn erlitt ebenso wie der Lkw im grenzüberschreitenden Verkehr Marktanteilsverluste. Allerdings fielen diese bei der Bahn wesentlich drastischer aus (-18 Prozentpunkte im Vergleich zu -8 Prozentpunkten bei der Straße).

Als Erklärungen für die ausgeprägten Marktanteilsverluste des Containerverkehrs mit der Schiene werden zum einen die relativ hohen Produktionskosten des Systems Schiene, zum anderen aber auch beträchtlichen Qualitätsdefizite der Bahnen angeführt. Als Qualitätsdefizite sind dabei insbesondere die mangelhafte Fahrplangenauigkeit sowie ein noch nicht voll ausgebautes Informationssystem zu nennen, welches jederzeit Auskunft über den Status eines Containers geben kann. Darüber hinaus wird der intermodale Schienenverkehr preismäßig nur dann mit dem durchgehenden Lkw-Transport wettbewerbsfähig sein, wenn es auf der Hauptstrecke gelingt, Economies-of-Scale zu realisieren, welche die Diseconomies-of-Scale durch die Vor- und Nachläufe sowie dem Umschlag an den Containerterminals zumindest ausgleichen.[86] Um die gewünschten Scale-Economies auch ausnutzen zu können, müssen die Containerzüge auf einer möglichst langen Strecke gefahren werden. Hierbei kommt es jedoch häufig zu Verzögerungen beim Interlining

---

[84] Der Rhein bietet für das Binnenschiff ohne Schleusen und ohne Behinderungen durch Brückenbauwerke die günstigsten nautischen Bedingungen. Weiterhin werden für die Nutzung des Rheins als Binnenwasserstraße keine Abgaben erhoben.

[85] Vgl. SUTCLIFFE (1998), S. 12.

[86] Vgl. BOES (1999), S. 17.

Tabelle 14: Anteil der Verkehrsträger am europäischen Containerhinterlandverkehr (in %)

	1982	1986	1992	1996	1999
Inlandsverkehr					
Binnenschiff	0	0	1	1	1
Straße	74	78	81	82	83
Schiene	26	22	18	17	16
Grenzüberschreitender Verkehr					
Binnenschiff	12	18	33	36	38
Straße	48	52	44	40	40
Schiene	40	30	22	24	22

Quelle: SUTCLIFFE (1998), S. 12; MDS TRANSMODAL (1998), S. 33; eigene Berechnungen und Schätzungen

an den einzelnen nationalen Grenzen und/oder zwischen zwei verschiedenen Eisenbahn-Carriern, woraus ebenfalls Qualitätseinbußen resultieren.[87]

Im Rahmen der verschiedenen nationalen und internationalen Normierungen von Lade- und Transporthilfsmitteln ergeben sich Produktivitätsverluste beim Einsatz von Überseecontainern, beispielsweise im europäischen Inlandsverkehr, und zwar bei allen Verkehrsträgern. Ein 20'-Überseecontainer gemäß ISO-Norm besitzt mit 5,87 m Innenlänge und infolge einer maximalen Innenweite von 2,33 m nur eine Kapazität in Höhe von 11 Euro-Paletten (0,8 m x 1,2 m), wobei die Innenfläche mit 79 % ausgelastet ist. Eine 7,15 m Lkw-Pritsche oder Wechselbrücke fasst hingegen 17 Euro-Paletten, was einer Flächenkapazitätsauslastung von 96 % entspricht.[88] Aus diesem Grunde

87 Vgl. SLACK (1994), S. 235.

88 Vgl. MICHALETZ (1994), S. 32 f.

kann es vorteilhafter sein, Paletten aus dem Container auszuladen und mit weiteren Paletten gebündelt in einen Lkw umzuladen.[89]

Ein zusätzliches Hemmnis für den intermodalen Hinterlandverkehr ist, dass die meisten Reedereien bei Verschiffungen lediglich ihre eigenen Container akzeptieren, anstatt auch so genannte „graue Boxen" zuzulassen, die einen Boxenaustausch zwischen Reedereien verschiedener Fahrtgebiete ermöglichen würde. Wäre es beispielsweise für einen Verlader möglich, 120 TEU pro Woche zu empfangen sowie 100 TEU durch denselben Reeder zu versenden, so könnten im Rahmen eines solchen Boxenaustausches die übrigen 20 TEU für Exporte zu anderen Destinationen durch einen anderen Carrier genutzt werden. Zusätzliche Rationalisierungseffekte könnten durch den Unterhalt gemeinsamer inländischer Containerdepots erreicht werden.[90]

Als großes Problem einer stärkeren Entwicklung inländischer Containertransporte ist die Tatsache anzusehen, dass Schienen-Carrier sich überwiegend auf regionale Märkte beschränken und hieraus operationale sowie institutionelle Restriktionen resultieren. Das Interlining zwischen verschiedenen Carriern ist in der Regel kosten- und zeitaufwendig. Noch schwerwiegender sind die Probleme bei den Marketingaktivitäten über die regionalen Grenzen oder schieneneigenen Netze hinaus sowie die damit verbundene Verantwortlichkeit im Rahmen der Kundenbetreuung.[91]

In den ***Vereinigten Staaten*** konzentrieren sich die Anstrengungen zur Verbesserung der Hinterlandverkehre insbesondere darauf, die Produktivität des Containerschienenverkehrs zu steigern. Dort wurden Transportketten etabliert, die im Doppelstock (Double Stack) Containerverkehre zwischen den

---

[89] Vgl. BEDDOW (1999a), S. 55.

[90] Vgl. BEDDOW (1999a), S. 55.

[91] Vgl. SLACK (1994), S. 236

Ballungszentren sowie den Seehäfen an der West- und Ostküste durchführen. Infolge einer verbesserten Wirtschaftlichkeit und Pünktlichkeit sowie einer erhöhten Kapazitätsauslastung der Züge ist die Akzeptanz solcher Containertransporte bei den amerikanischen Verladern deutlich gestiegen.[92] Es ist aber zu berücksichtigen, dass trotz erhöhter Produktivitätswerte der Doppelstockzüge weiterhin etwa 74 % aller amerikanischen Inlandstransporte mit dem Lkw durchgeführt werden, und die Schiene einen Anteil von etwa 12 % aufweist.[93]

In Abbildung 8 ist das Netzwerk doppelstöckiger Containerzüge in den USA dargestellt. Die Verkehrsrouten mit den höchsten Abfahrtsfrequenzen laufen vornehmlich via Chicago, welches das bedeutendste Inlands-Hub für den US-Containerverkehr repräsentiert. Die amerikanischen Doppelstockzüge dienen hierbei insbesondere als Landbrücke zwischen den Westküstenhäfen in Richtung Mittlerer Westen und den großen Ballungsgebieten an der Ostküste, wobei es sich fast ausschließlich um Container des Transpazifik-Verkehrs handelt.[94]

Von besonderer Bedeutung ist hier, dass sich das Seeschiff immer stärker zu einem ernsthaften Konkurrenten für die Doppelstockzüge entwickelt, da viele Reedereien die Transpazifik-Verkehre einerseits durch den Panamakanal zu den Ostküstenhäfen direkt routen oder feedern, andererseits aber auch die Möglichkeit haben, die Strecke Fernost-Europa-USEC anzubieten. Der

---

92 Doppelstöckige Containerzüge können in Europa aufgrund zu geringer Lichtraummaße der elektrischen Oberleitungen und Tunnel nicht eingesetzt werden. Vgl. MICHALETZ (1994), S. 88.

93 Vgl. BAUER (1999), S. 16.

94 Vgl. SLACK (1994), S. 232.

Abbildung 8: Netzwerk doppelstöckiger Containerzüge in den Vereinigten Staaten

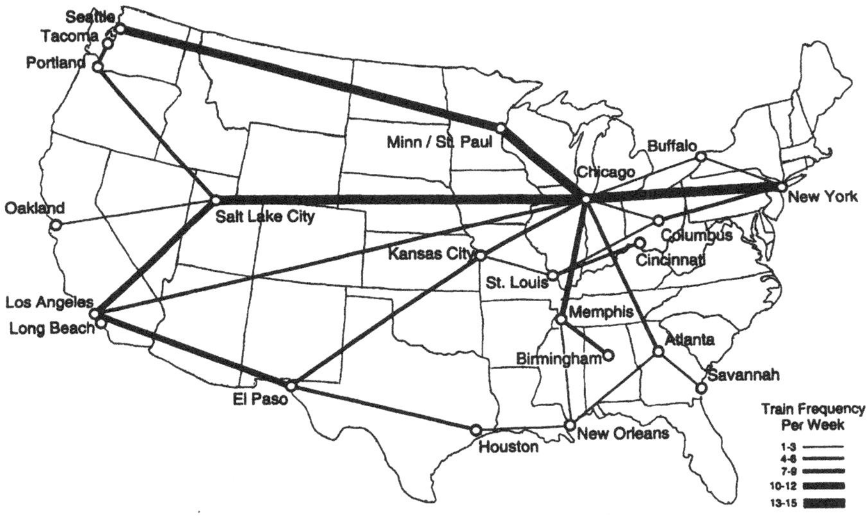

Quelle: SLACK (1994), S. 232.

Nachteil längerer Transitzeiten bei dem reinen Seetransport mittels Schiff wird durch günstigere Frachtraten ausgeglichen.[95]

Um weitere Produktivitätspotenziale des intermodalen Containerhinterlandverkehrs ausschöpfen zu können, wird zunehmend ein systematischerer Aufbau von inländischen Hubs bzw. Ladecentern gefordert. Die Boxentransporte sollten dabei auf eine reduzierte Anzahl von Hubs konzentriert werden, die per Schiene miteinander verbunden sind. Jeder Hub hat somit seinen eige-

---

95 Vgl. GILLIS / DAMAS (1998), S. 66 f.

nen geographisch abgegrenzten Markt mittels Lkw zu bedienen. Die theoretisch optimale Anzahl der dafür notwendigen Hubs ist durch den Radius bestimmt, in welchem der Lkw Kostenvorteile gegenüber dem Schienentransport aufweist. Wenn angenommen wird, dass der Lkw innerhalb von 400 km kostengünstiger als die Schiene operiert, so sollten die Hubs idealerweise 800 km voneinander entfernt liegen.[96]

In ***Fernost*** sind die Containerhinterlandverkehre schwierig zu quantifizieren und zu veranschaulichen. Zum einen spielen geographische Faktoren eine große Rolle, die ökonomisch sinnvolle Hinterlandverkehre mit der Bahn oder dem Lkw nicht zulassen (z.B. die Inselstaaten im südostasiatischen Raum), zum anderen sind aber auch zuverlässige statistische Zahlen über Entwicklung und Status quo der Hinterlandverkehre nicht vorhanden. Des Weiteren sind zum Teil extreme Differenzen im Wohlstandsniveau und somit auch in der inländischen Infrastrukturentwicklung der einzelnen Länder zu berücksichtigen, was folglich sehr unterschiedliche Modal-Splits der Containerhinterlandverkehre in den jeweiligen Staaten impliziert.

In diesem Zusammenhang ist jedoch anzumerken, dass sich in Fernost viele wirtschaftliche Ballungszentren hafennah im Küstenbereich befinden, so dass eine wesentlich ausgeprägtere Bedeutung der Transhipment- und Feeder-Netzwerke gegenüber den landseitigen Verkehrsträgern (Lkw und Bahn) angenommen werden kann.[97]

---

96 Vgl. SLACK (1994), S. 233 f., der für die Vereinigten Staaten einen Wettbewerbsvorteil des Lkw gegenüber der Schiene innerhalb eines Radius von 200 bis 300 Meilen annimmt und bei einer Mindestentfernung von 400 Meilen zwischen den einzelnen Umschlaganlagen eine optimale Netzkonfiguration mit 24 Hubs ableitet.

97 Im Jahre 1994 wurde z.B. der gesamte Containerumschlag in China auf 6,2 Mio. TEU geschätzt. Etwa 89 % der Ladung hat ihre Destination oder Herkunft in oder aus Küstenregionen. Vgl. CANNA (1996), S. 65.

2.4.3 Container-Feederdienste und Transhipment-Verkehre

Das Hinterland eines Hafens wird in der Regel durch die Verkehrsträger Straße, Schiene und Binnenschiff erschlossen. Bei besonderer geographischer und nautischer Situation kann die verkehrliche Aufschließung des Hinterlandes vielfach kostengünstiger über ein System von Haupt- und Nebenhäfen erfolgen. Dies hat dann so genannte Transhipment- und Feeder-Verkehre zur Folge, bei denen Ladung von einem großen Mutterschiff auf kleinere Schiffe umgeladen und schließlich auf andere Häfen verteilt (gefeedert) wird.

Eine solche Strategie setzt die Existenz von so genannten Hub-Ports oder Ladecentern voraus. Bei der Überlegung, eine Hub-and-Spoke-Strategie in das Routennetzwerk einer Reederei zu implementieren, werden insbesondere die Vorteile der Containerladungsbündelung und der hieraus resultierenden Scale-Economies auf See berücksichtigt. Des Weiteren kann die Hub-Strategie aber auch als taktische Variante genutzt werden, die Umlaufgeschwindigkeit der Hauptschiffe zu erhöhen, um somit gleichzeitig auch die dynamischen Schiffskapazitäten auszuweiten.

Durch zunehmenden Einsatz von Hub-and-Spoke-Systemen und den daraus abgeleiteten Transhipment-Verkehren haben sich im Zeitablauf sowie mit zunehmender Entwicklung der Container-Linienschifffahrt immer wieder neue Netzwerkstrategien bei den Hafenanläufen etabliert, welche anhand von drei Stufen in Abbildung 9 dargestellt sind.

In der ersten Stufe ist die konventionelle Break-Bulk-Linienschifffahrt dargestellt. Es handelte sich hierbei bis zum Anfang der siebziger Jahre um eine

Abbildung 9: Evolution von Netzwerkstrategien in der Container-Linienschifffahrt

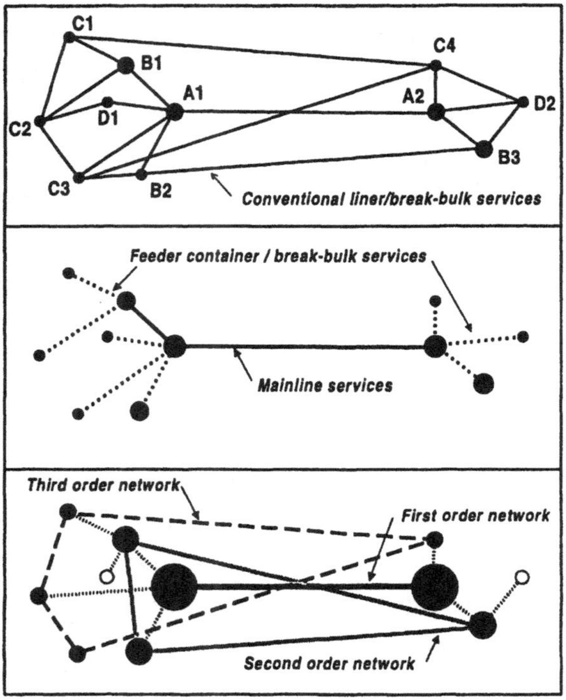

Quelle: ROBINSON (1998), S. 34.

nahezu reine FC-Netzwerkkonfiguration. Geringe aber dynamisch wachsende Containervolumen begannen sich zu entwickeln.[98]

In der zweiten Netzwerkevolutionsstufe wurden die Break-Bulk-Schiffe auf den Hauptverkehrsrouten zunehmend von speziell gebauten Vollcontainer-

98 Vgl. ROBINSON (1998), S. 33.

schiffen ersetzt. Es fand eine immer stärkere Dekomposition der Transportnetzwerke in Hauptverbindungen statt, deren regionale Ergänzung durch Feeder-Verkehre oder konventionellen Break-Bulk-Schiffen mit Containerstellplätzen sichergestellt war. Diese Entwicklung spiegelte sich im Wesentlichen bis zur Mitte der achtziger Jahre wider.[99]

Anhaltendes schnelles Containertransportwachstum in Verbindung mit größeren und komplexeren Hafenstrukturen sowie größeren Schiffseinheiten charakterisierten die dritte Netzwerkstufe, die sich bis heute insbesondere im Rahmen der asiatischen Transhipment-Verkehre durchgesetzt hat: Die Netzwerkstrukturen der zweiten Evolutionsstufe wurden in hierarchisch gegliederte Teilnetzwerke aufgespalten (First-Order-, Second-Order- oder Third-Order-Netzwerk), wobei die großen Hubs der jeweiligen Netzwerkhierarchiestufen miteinander verbunden sind.[100]

In Kombination mit Haus-Haus-Verkehren sind bei der Errichtung von Hub-and-Spoke-Systemen aber auch die Konkurrenzverhältnisse der Feeder-Schiffe zu den landgebundenen Verkehrsträgern zu beachten. Bei entsprechenden geographischen und infrastrukturellen Gegebenheiten können Weitertransporte der Container nach der Entladung vom Hauptschiff grundsätzlich auch per Lkw oder Bahn vorgenommen werden, so dass das Preis-Leistungs-Verhältnis der Feeder-Verkehre auch vom Versender und/oder vom Empfänger akzeptiert werden muss.

Die Wettbewerbssituation der Feeder-Schiffe gegenüber den Landverkehrsträgern kann dabei noch verbessert werden, indem man Feeder-Verkehre mit intraregionalen Verkehren bündelt. Dies ist z.B. möglich, wenn leere Feeder-

---

[99] Vgl. ROBINSON (1998), S. 33.

[100] Vgl. ROBINSON (1998), S. 33.

Containerrückladungen mit reinen intraregional bestimmten Containerverkehren stärker zusammengefasst und aufeinander abgestimmt werden.

Moderne Logistikkonzepte werden verstärkt auch in der Containerschifffahrt realisiert, wobei die wichtigsten Entscheidungskriterien für die Verlader aber auch weiterhin die Transportkosten, die Abfahrtsfrequenzen sowie die Transitzeiten der Container sind. Hierbei ist anzumerken, dass Transhipment- und Feeder-Verschiffungen oftmals nicht notwendigerweise zu längeren Transitzeiten führen als im Vergleich zu Containerdirektverkehren seitens der großen Überseeschiffe. Es ist allerdings eine sorgfältige Auswahl der ökonomisch sinnvollen First-Loading/Last-Discharging-Ports-Kombinationen erforderlich.[101]

Die Notwendigkeit, infolge der zunehmenden Schiffsgrößen sowie den daraus resultierenden Kostensteigerungen bei der Schiffsabfertigung an den Terminals, immer mehr Anlaufhäfen aus den Fahrplänen zu streichen, führte in den beiden vergangenen Jahrzehnten zu einem starken Anstieg von Transhipment-Verkehren und einer damit verbundenen Expansion der Feeder-Netzwerke. So wurde im Jahre 1980 der Transhipment-Anteil am gesamten Containerverkehr weltweit auf 11,4 % geschätzt. Für das Jahr 1999 ist dieser Anteil bereits auf 23,9 % gestiegen (Tabelle 15).

Für die ***Vereinigten Staaten*** (Nordamerika) wird in Tabelle 15 verdeutlicht, dass Transhipment-Verkehre eine eher untergeordnete Rolle spielen. Der prozentuale Anteil der Transhipment-Verkehre am gesamten Containerverkehr in Nordamerika erreichte im Jahre 1980 lediglich 6,8 % und 6,1 % für das Jahr 1999. Deutlichere Marktanteile weisen die Transhipment-Verkehre in ***Fernost*** sowie ***Nordwesteuropa*** auf, die innerhalb von neunzehn Jahren

---

[101] Vgl. ZACHCIAL (1993), S. 318.

Tabelle 15: Geschätzte Transhipment-Anteile in % am regionalen Containerverkehrsvolumen (1980-1999)

	1980	1985	1990	1995	1999
Nordwesteuropa	15,3	18,3	21,3	24,7	27,8
Fernost	16,4	14,1	18,5	27,3	28,8
Nordamerika	6,8	6,7	6,5	7,3	6,1
Welt	11,4	14,1	18,5	22,3	23,9

Quelle: DREWRY SHIPPING CONSULTANTS (1997), S. 107 f.; FOSSEY ET AL. (2000), S. 24; eigene Berechnungen.

ihre Anteile am gesamten Containeraufkommen auf 28,8 % respektive 27,8 % für das Jahr 1999 steigern konnten.

In einer vertiefenden Betrachtung sind in Tabelle 16 jeweils fünf ausgewählte Containerhäfen aus ***Fernost*** sowie ***Nordwesteuropa*** mit ihren jeweiligen geschätzten Transhipment-Anteilen am Gesamtumschlag für das Jahr 1996 dargestellt.[102]

Demnach ist in ***Europa*** Rotterdam mit einem Anteil von 40 % der größte Transhipment-Hafen. Nordwesteuropäische Feeder-Verkehre konzentrieren sich insbesondere auf die Britischen Inseln, das Baltikum und Skandinavien sowie Spanien und Portugal. Hierbei dominieren Hamburg, Bremerhaven sowie in geringerem Maße Rotterdam die Feeder-Verkehre nach Skandinavien

---

[102] Bei den ausgewählten Hub-Ports handelt es sich um die fünf größten europäischen Containerhäfen sowie um die größten vier Fernosthäfen. Kobe repräsentiert den drittgrößten japanischen und achtgrößten asiatischen Hafen gemessen an den TEU-Umschlagzahlen von 1996.

Schätzungen der Transhipment-Anteile von den Ostküstenhäfen der Vereinigten Staaten konnten trotz direkter Befragung der Häfen sowie intensiver Literaturrecherche nicht in Erfahrung gebracht werden. Es kann aber aufgrund der geringen Transhipment-Werte für Nordamerika in Tabelle 16 die Hypothese vertreten werden, dass die Transhipment-Anteile der amerikanischen Ostküstenhäfen vergleichsweise gering ($\leq$ 10 %) sind.

Tabelle 16: Geschätzte Transhipment-Aktivitäten ausgewählter Hub-Ports in Fernost und Nordwesteuropa (Stand: 1999)

	Transhipment-Anteil (in %)	Gesamtumschlag (in TEU)	Anzahl der Transhipment-Container (in TEU)
Fernost			
Singapore	78	15.944.793	12.436.939
Hong Kong	20	16.210.792	3.242.158
Kaohsiung	43	6.985.361	3.003.705
Busan	30	6.439.589	1.931.877
Kobe	15	2.176.004	326.401
Gesamt	44	47.756.539	20.941.079
Nordwesteuropa			
Rotterdam	40	6.343.242	2.537.297
Hamburg	35	3.738.307	1.308.407
Antwerpen	35	3.614.246	1.264.986
Felixstowe	28	2.696.659	755.065
Bremerhaven	25	2.180.955	545.239
Gesamt	35	18.573.409	6.410.994

Quelle: DREWRY SHIPPING CONSULTANTS (1997), S. 105; CONTAINERISATION INTERNATIONAL YEARBOOK (2001), S. 10; eigene Berechnungen.

sowie das Baltikum. Rotterdam und Antwerpen besitzen hohe Marktanteile für Verkehre auf die Britischen Inseln sowie Irland. In Bezug auf Spanien und Portugal ist Rotterdam als wichtigster Transhipment-Hub zu nennen.

Die Tabelle zeigt weiterhin, dass in ***Fernost*** der Transhipment-Anteil der ausgewählten asiatischen Häfen etwa 44 % gegenüber einem Anteil von rund 35 % für die europäischen Häfen beträgt. Singapore nimmt unter den in Betracht gezogenen Häfen mit einem geschätzten Transhipment-Anteil von 78 % eine exponierte Stellung ein.

Transhipment-Verkehre via Singapore bedienen praktisch den gesamten asiatischen Markt, insbesondere aber auch Südostasien. Die Vorteile Singapores als herausragendes asiatisches Transhipment-Center sind evident:[103]

- sehr guter strategischer Standort auf der Ost-West-Hauptverkehrsroute.
- frühe Entwicklung seines Containerhafens.
- langfristige politische Stabilität.
- moderne und produktive Handlinganlagen sowie effizienter Containerumschlag.

Die zeitliche Entwicklung der Transhipment- und Feeder-Netzwerke in Fernost kann dabei mittels Abbildung 10 besonders veranschaulicht werden.

In der ersten Entwicklungsstufe von 1970 bis ca. 1985 konnten die japanischen Häfen, Hong Kong und Singapore als Schlüssel-Hubs bezeichnet werden, wobei Kaohsiung und Busan seit Anfang der achtziger Jahre auch wichtige Hub-Funktionen entwickelten. Japan besaß eine starke Stellung als Hub auf der Hauptverbindung Europa-Fernost, während die transpazifischen Containerverkehre zwischen den Vereinigten Staaten und Fernost vornehmlich über Hong Kong und Singapore geroutet wurden.[104]

Seit Mitte der achtziger bis etwa zur Mitte der neunziger Jahre verstärkte sich die Rolle der in der vorherigen Periode etablierten Häfen als Schlüssel-Hubs. Die zweite Entwicklungsphase im fernöstlichen Transhipment-Verkehr war vor allem durch das starke Containerwachstum in China determiniert, wobei

---

[103] Vgl. Drewry Shipping Consultants (1997), S. 61.

[104] Vgl. ROBINSON (1998), S. 35.

Abbildung 10: Entwicklungsphasen der fernöstlichen Hub-/Feeder-Netzwerke

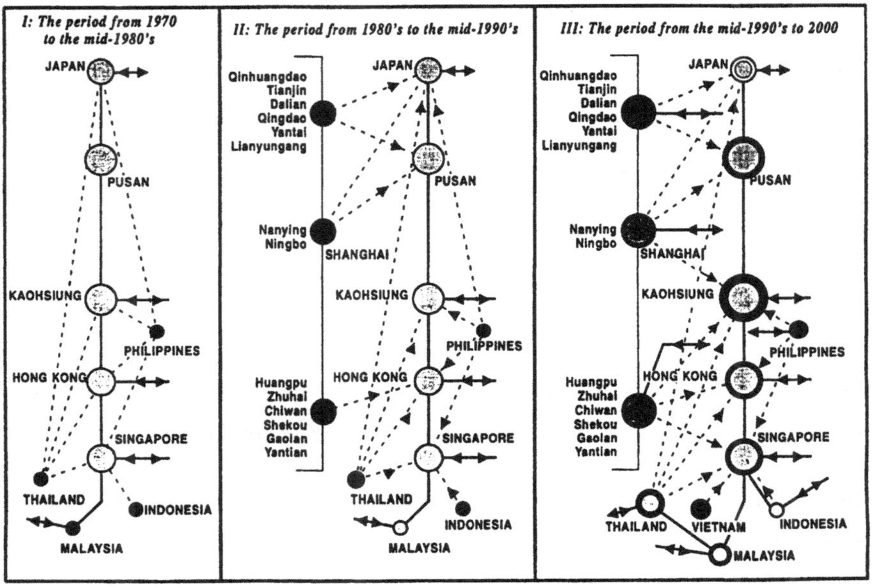

Quelle: ROBINSON (1998), S. 36.

eine intensivierte Integration der chinesischen Häfen in die Hub-and-Spoke-Netzwerke der Container-Linienreedereien stattfand.[105]

Die dritte Evolutionsphase der asiatischen Feeder- und Transhipment-Netzwerke dauert seit Mitte der neunziger Jahre bis heute an. Aufgrund des weiterhin dynamischen Containerwachstums in den chinesischen Häfen wird es für die Containerreedereien immer attraktiver, diese in eine höhere Netz-

[105] Vgl. ROBINSON (1998), S. 36.

werkhierarchiestufe aufzunehmen. So ist heutzutage bereits Shanghai der fünftgrößte Containerhafen in Fernost. Hong Kong, Busan, Kaohsiung sowie Singapore werden weiterhin eine herausragende Hub-Funktion in den asiatischen Transhipment-Netzwerken behalten.

Die Bedeutung der großen japanischen Häfen als Schlüssel-Hubs hat hingegen beträchtlich abgenommen. Im Gegenzug dazu verzeichnen aber gerade kleine japanische Häfen hohe Umschlagzuwachsraten, was aus zweierlei Gründen resultiert: Zum einen wird Japan zunehmend via Busan in Südkorea gefeedert, zum anderen sind japanische Inlandstransporte im Preisvergleich zu intrajapanischen Schiffstransporten wesentlich teurer.[106]

---

[106] Vgl. FOSSEY (1999), S. 84.

3 MARKT- UND WETTBEWERBSSTRATEGIEN DER LINIENREEDEREIEN

Die Untersuchung des strategischen Verhaltens auf den Seeverkehrsmärkten ist als wichtiger Baustein für die wettbewerbstheoretische und -politische Beurteilung der Linienkonferenzen des nachfolgenden Kapitels 4 zu sehen. Die deskriptiven und analytischen Vorarbeiten sollen dazu beitragen, die oft vielfältigen und komplexen strategischen Unternehmungsentscheidungen der Containerreedereien in eine grundlegende Struktur einordnen zu können.

Für die Analyse der Markt- und Wettbewerbsstrategien wurde die gesamte Containertransportkette aufgegliedert, und zwar in den reinen Seetransport, den Landtransport sowie den Containerumschlag in den Seehäfen.

3.1 Strategisches Verhalten auf den Seeverkehrsmärkten

Zunehmende Schiffsgrößen implizieren Bündelungseffekte und somit nachhaltige Stückkostendegressionen unter der Voraussetzung, dass die größeren Schiffe auch entsprechend ausgelastet werden. Der Einsatz größerer Schiffe zieht aber auch eine Ausweitung der statischen und dynamischen Flottenkapazitäten nach sich, woraus sich für die betroffenen Reedereien die Notwendigkeit ergibt, zusätzliche Nachfrage zur Erreichung der optimalen Betriebsgröße zu generieren. Dies erfordert eine weitere Zunahme der transportierten Containermengen, was durch internes Unternehmenswachstum erreicht werden kann. Da eine solche Strategie sehr zeitaufwendig ist, versuchen die Containerreedereien aus diesem Grunde, externes Wachstum durch Firmenzukäufe, Fusionen oder horizontale Kooperationen zu erreichen. Hierbei spielt die Bildung von horizontalen Kooperationen hinsichtlich wettbewerbsbeschränkender Strategien und Verhaltensweisen bislang die entscheidendere Rolle als Unternehmenszusammenschlüsse.

3.1.1 Horizontale Kooperationen

Die Merkmale des Kooperationsbegriffs stützen sich auf die Zusammenarbeit mehrerer Unternehmen bezüglich Koordinierung von Funktionen oder Ausgliederung von Funktionen und Kompetenzen auf eine gemeinschaftliche Einrichtung. Die Kooperation ist durch den Erhalt der rechtlichen sowie der wirtschaftlichen Selbstständigkeit determiniert, sofern es sich bei Letzterer um die in den nicht der vertraglichen Zusammenarbeit gebundenen Bereiche handelt.[107] Kooperationen auf horizontaler Ebene sind durch die Zusammenarbeit von Unternehmen der gleichen Produktions- und Handelsstufe gekennzeichnet. Liegen dagegen Unternehmensverbindungen vor, bei denen mindestens ein Partner entweder seine rechtliche oder seine wirtschaftliche Selbstständigkeit verliert, so spricht man von Konzentration.[108] Als wesentlichste horizontale Kooperationen in der modernen Container-Linienschifffahrt sind Schifffahrtskonferenzen, Konsortien sowie strategische Allianzen zu nennen.

Konferenzen sind die ältesten horizontalen Kooperationsformen in der Linienschifffahrt. Sie stellen global betrachtet sehr dezentrale Unternehmensverbindungen dar. So existiert für fast jedes einzelne Fahrtgebiet dieser Welt ei-

---

107 Vgl. WÖHE (1993), S. 403.

108 Vgl. WÖHE (1993), S. 411. Konzentration kann entweder durch die Akquisition einer anderen Unternehmung oder durch eine Fusion entstehen.

ne eigenständige Konferenz.[109] GROSSMANN definiert eine Linienkonferenz folgendermaßen:

„A shipping conference is an unincorporated association of mutually competitive liner operators, maintained for the purposes of (1) controlling competition among its members and (2) strengthening the members, through cooperative action, in their fights against nonmember carriers."[110]

Die Nichtmitglieder von Konferenzen (Außenseiter) sind Trampschifffahrtsgesellschaften oder aber Linienreedereien, die sich den Konferenzvereinbarungen des entsprechenden Fahrtgebietes nicht unterwerfen wollen.

Ziel der Schifffahrtskonferenzen ist es, Wettbewerb im Verhältnis untereinander auszuschließen sowie die Konkurrenz von Außenseitern abzuwehren respektive zu minimieren. Um dieses Ziel zu erreichen, sind sowohl Preis- als auch Kapazitätsabsprachen Gegenstand der Konferenzvereinbarungen, so dass es sich hierbei um Preis-Quoten-Kartelle handelt, die u.a. Preisdifferenzierung[111] in erheblichem Umfange betreiben.

Eine Klassifizierung von Konferenzen kann in offene (amerikanische) oder geschlossene (britische) Konferenzen erfolgen.[112] Offene Konferenzen nehmen jede antragstellende Reederei auf, während geschlossene Konferenzen

---

109 Vgl. JANSSON / SHNEERSON (1987), S. 35.

110 GROSSMAN (1956), S. 62.

111 Frachtraten werden z.B. artikelabhängig (Commodity Rates), güterklasseabhängig (Class Rates) oder wertbezogen festgesetzt. Die Konferenzmitglieder verständigen sich auf gemeinsame Tarife sowie deren Anwendung gegenüber den Verladern. Aus diesem Grunde veröffentlichen die Konferenzen umfangreiche Tarifbücher über Details und Bedingungen, welche Frachtraten für eine bestimmte Ladung anzuwenden sind und welche Extrazuschläge in diesem Zusammenhang berechnet werden.

112 Offene Konferenzen bezeichnet man auch als amerikanische Konferenzen, da der US-Shipping Act von 1916 verlangte, jeden Antragsteller in die Konferenz aufzunehmen. Vgl. KÜHNE (1996), S. 38.

nur weitere Mitglieder aufnehmen, wenn alle Konferenzreedereien dem Ersuchen zustimmen.[113] In der in diesem Abschnitt später folgenden theoretischen Analyse von horizontalen Kooperationsformen wird verdeutlicht, dass geschlossene Konferenzen in der Regel stabiler sind als offene Konferenzen.

Unter einem Schifffahrtskonsortium versteht man eine Kooperation von mindestens zwei Reedereien, die mit Hilfe technischer, betrieblicher oder kommerzieller Vereinbarungen versuchen, ihre Beförderungsleistungen zu rationalisieren, ohne eine gemeinsame Preisfixierung durch Absprachen zu betreiben.[114]

Die Rationalisierung von Beförderungsleistungen umschließt u.a. auch die gemeinsame Nutzung von Schiffskapazitäten mit dem Ziel der Kostenreduzierung. Hierbei unterscheiden sich Konsortien insbesondere von Konferenzen, denen vielmehr eine Koordinierungs- und Stabilisierungsfunktion innerhalb des Tarifs- und Kapazitätsmanagements beigemessen wird. Des Weiteren bilden sich Konsortien vielfach auch aus der Initiative mehrerer Konferenzteilnehmer heraus, ohne dass die Preisfixierung der Konferenz hierbei unterminiert wird.

Global operierende Linienreedereien kooperieren innerhalb von Konferenzen und Konsortien auf einer Vielzahl von verschiedenen Routen und Verkehrsgebieten. Die Partner dieser regional und räumlich abgegrenzten Kooperationen sind häufig auch gleichzeitig die Global Player der Container-Linienschifffahrt, woraus sich Anreize ergeben, die Zusammenarbeit mittels strategischer Allianzen von einem regionalen auf ein globales Niveau auszu-

---

113 Vgl. KÜHNE (1996); S. 38 f.

114 Vgl. Amtsblatt der Europäischen Gemeinschaften Nr. L 89 vom 21.04.95, S. 10.

dehnen. Aus diesem Grunde wird eine strategische Allianz gleichermaßen als „multiple trade lane consortium“ [115] bezeichnet.

Die vornehmlichen Ziele globaler strategischer Allianzen manifestieren sich im Betrieb gemeinsamer Schiffe und Terminals. Hierbei wird ein verbesserter Auslastungsgrad angestrebt. Zum anderen versuchen die Allianzen, sich auf gemeinsame technische sowie qualitative Standards festzulegen. Globale Allianzen sind weiterhin durch Slot-Charter-Vereinbarungen gekennzeichnet, wodurch jede Reederei, unter Inanspruchnahme eingecharterter Stellplätze von verschiedenen Allianzpartnern, ihren Verladern eine erweiterte geographische Angebotsreichweite offerieren kann, ohne zusätzliche Schiffskapazitäten bereitstellen zu müssen.

Im Jahre 1998 konnten fünf globale Allianzen identifiziert werden:[116]

- New World Alliance: NOL-APL / HMM / MOL
- Grand Alliance: OOCL / P&O Nedlloyd / NYK / MISC / Hapag-Lloyd
- Maersk / Sea-Land
- K-Line / Yangming / Cosco
- United Alliance: Hanjin / DSR-Senator / Cho Yang / UASC

Nachhaltige Kosteneinsparungen durch Bildung strategischer Allianzen können auch durch eine optimalere Integration und Abstimmung der Routennetzwerke der einzelnen Allianzpartner realisiert werden. Die Allianz von Maersk/Sea-Land konnte hierdurch beispielsweise weltweit insgesamt zehn Schiffe einsparen.

---

[115] CLARKE (1997), S. 22.

[116] Vgl. LSE (1998), Heft März, S. 19 sowie NIPPON YUSEN KAISHA RESEARCH DIVISION (1998), S. 4.

Schifffahrtskonferenzen, Konsortien und strategische Allianzen lassen sich nicht ohne weiteres voneinander scharf trennen, da alle drei Kooperationsformen sich überschneiden, aber auch eine Teilmenge einer jeweils anderen Kooperationsform sein können. So ist es möglich, dass eine strategische Allianz Mitglied einer Konferenz ist. Einigen sich die Allianzpartner auf gemeinsame Kapazitäts- und Preisabsprachen, so kann dies sogar als ein neuer Typ von Konferenz gewertet werden, nämlich als ein Kartell mit globalen Angebotsstrukturen. Konsortien wiederum sind als regionale und fahrtgebietsbezogene Allianzen zu verstehen. Es kann ein fließender Übergang zwischen strategischer Allianz auf der einen Seite und Kartell in Form einer Konferenz auf der anderen abgeleitet werden.

In der folgenden theoretischen Analyse sollen die ökonomischen Anreize zur Bildung von horizontalen Kooperationen mikroökonomisch fundiert dargestellt werden.[117] Es sei unterstellt, dass Kooperationen danach trachten werden, ihren Gewinn zu maximieren. Die Wettbewerbsintensität ist von untergeordneter Relevanz. Die aggregierte Nachfrage ist linear und mit der Funktion $p = a - b\,Q$ umschrieben. Es liegen N Kooperationspartner vor, welche alle dieselbe Produktionstechnologie und somit identische Kostenstrukturen TC_i aufweisen:

$$TC_i(q_i) = F + c \cdot q_i^2$$

mit $i = 1, 2, \ldots, N$ sowie $F, c > 0$, woraus eine U-förmige Durchschnittskostenfunktion resultiert. F beschreibt die Fixkosten und c die konstanten variablen Kosten der einzelnen Unternehmen. Der aggregierte Output aller Kooperationspartner ist

---

[117] Vgl. SHY (1995), S. 78-80 für die anschließenden formalen und theoretischen Ausführungen in diesem Abschnitt.

$$Q = \sum_{i=1}^{N} q_i \ .$$

Ziel der Kooperation ist es, die einzelnen Ausbringungsmengen q_i so zu wählen, dass der Gewinn aller Partner

$$\sum_{i=1}^{N} \pi_i(q_i)$$

maximiert wird:

$$\max \sum_{i=1}^{N} \pi_i(q_i) = \left(a - b\sum_{i=1}^{N} q_i \right)\left(\sum_{i=1}^{N} q_i \right) - \sum_{i=1}^{N} TC_i(q_i).$$

Maximierung der Gewinnfunktion mittels 1. Ableitung nach q_i ergibt

$$\frac{\partial \sum_{i=1}^{N} \pi_i(q_i)}{\partial q_i} = a - 2\,b\sum_{i=1}^{N} q_i - MC_i(q_i) = 0 ,$$

wobei MC_i den Grenzkosten der i-ten Unternehmung entspricht.

Da alle Betriebe gemäß Prämisse identische Kostenfunktionen aufweisen, ist ein symmetrisches Gleichgewicht zu suchen, bei welchem alle Kooperationspartner denselben Output q_i produzieren ($q_1 = q_2 = ... = q_N = q$). Hieraus folgt, dass

$$a - 2bNq = 2cq \quad \Leftrightarrow \quad q = \frac{a}{2(bN + c)} .$$

Marktpreis und Gesamtoutput sind somit

$$Q = N \cdot q = \frac{N \cdot a}{2(bN + c)} \quad \text{und} \quad p = a - bQ = \frac{a(bN + 2c)}{2(bN + c)} .$$

Mit Hilfe der statisch-komparativen Analysemethode lassen sich die Effekte einer Änderung der Anzahl der Kooperationspartner (N) auf das Outputniveau des einzelnen Kooperationspartners sowie des Marktpreises darstellen. Da $\partial q/\partial N < 0$ und $\partial p/\partial N < 0$ sind, lässt sich konstatieren, dass bei einer Zunahme der Anzahl der Partner sich zum einen die Ausbringungsmengen q_i der einzelnen Unternehmen verringern, zum anderen wird auch der Marktpreis p sinken. Folglich ergeben sich auch reduzierte Gewinn-Niveaus der einzelnen Partner, woraus sich unter Umständen ein Anreiz ergeben kann, die Kooperation nicht mehr fortzusetzen.[118] Diese Aussagen gelten selbstverständlich auch vice versa.

Kooperationen sind insbesondere dadurch gekennzeichnet, dass jedes Mitglied einen Teil seiner wirtschaftlichen und vollständig seine rechtliche Unabhängigkeit bewahrt. Bei Konzentration wird jedoch zumindest die wirtschaftliche Unabhängigkeit einer Unternehmung in jeder Hinsicht aufgegeben. In der folgenden Analyse sei es also daher möglich, aufgrund von Konzentration die Anzahl der Produktionseinheiten N zu variieren. Es soll weiterhin die Prämisse gelten, dass die nach der Konzentration verbleibende Unternehmung zunächst keinem relevanten Außenseiterwettbewerb ausgesetzt ist, wodurch quasi eine Monopolstellung entsteht. Der durch Konzentration entstandene Monopolist wird nun seinen Output so wählen, dass Grenzkosten und Grenzerlös sich einander gleichen, wobei sich dasselbe Outputniveau

$$q_i = \frac{a}{2(bN + c)}$$

[118] Hieraus kann beispielsweise abgeleitet werden, dass offene Schifffahrtskonferenzen als horizontale Kooperationsformen instabiler sind als geschlossene.

wie im Kooperationsfall einstellt. Zusätzlich wird die Anzahl der Betriebsstätten N so gewählt, dass jede Produktionseinheit im Minimum ihrer Gesamtdurchschnittskostenfunktion $ATC_i(q_i)$ arbeitet, nämlich

$$q_i = \sqrt{\frac{F}{c}}.$$

Mittels Gleichsetzen und Auflösung der beiden q_i-Gleichungen nach N erhält man die gewinnmaximierende Anzahl der Produktionseinheiten N^{opt} nach der Konzentration:

$$\frac{a}{2(bN+c)} = \sqrt{\frac{F}{c}} \quad \Rightarrow \quad N^{opt} = \frac{a \cdot \sqrt{c}}{2b \cdot \sqrt{F}} - \frac{c}{b}.$$

Da $\partial N^{opt}/\partial F < 0$ und $\partial N^{opt}/\partial a > 0$ wird deutlich, dass die gewinnmaximierende Anzahl der Betriebsstätten sich erhöht, je kleiner die Fixkosten sind und je größer der Nachfrageparameter a ist et vice versa. Wird a beispielsweise aufgrund eines intensiveren Wettbewerbs kleiner und interpretiert man die Nachfragefunktion $p = a - bQ$ nun nicht mehr als aggregierte, sondern nach Integration als unternehmungsbezogene Nachfragefunktion mit kleinerem a, so wird das nach vollendeter Integration entstandene Unternehmen weitere Rationalisierungsbemühungen aufwenden, um das Betriebsoptimum wieder realisieren zu können.

3.1.2 Kapazitätskonzentrationen auf der Nordatlantik- und Fernost-Route

Nach der allgemeinen Darstellung horizontaler Kooperationsformen im vorherigen Abschnitt soll nun analysiert werden, welche Konsortien und Allianzen konkret auf der Nordatlantik- und Europa-Fernost-Route gebildet worden sind und welche Marktanteile diese an der dynamischen Transportkapazität besitzen.[119] Aufgrund der häufigen Partnerwechsel zwischen den einzelnen Kooperationen sind in Tabelle 17 die relevanten horizontalen Unternehmensvereinigungen exemplarisch für das Jahr 1999 zusammengestellt.

In Tabelle 17 waren 74,4 % der gesamten dynamischen Transportkapazität der Europa-Fernost-Verkehre in einer Allianz oder einem Konsortium vertreten, auf der Nordatlantik-Route hingegen nur 44,3 % Zudem konzentrierten sich die Aktivitäten der globalen strategischen Allianzen im Jahre 1999 insbesondere auf die Europa-Fernost-Route, während auf dem Nordatlantik noch die „traditionelleren" Schifffahrtskonsortien dominierten.

Die Konzentrationsentwicklung kann mit Hilfe des Hirshman-Herfindahl-Index (HHI) sowohl für die Nordatlantik- als auch für die Europa-Fernost-Route quantifiziert werden. Die Konzentration ist durch die Summation der quadrierten prozentualen Kapazitätsmarktanteile (s_i) der entsprechenden Unternehmen, Konsortien oder Allianzen berechnet:[120]

$$HHI = \sum_{i=1}^{N}(s_i)^2 .$$

Die Beurteilung der Konzentrationen auf den beiden Fahrtrouten erfolgt anhand der folgenden Grenzwerte der amerikanischen Merger Guidelines von 1984:[121]

- HHI < 1000: keine Konzentration;

---

[119] Konferenzen werden in diesem Abschnitt nicht berücksichtigt, sondern im vierten Kapitel einer fundierteren Analyse unterzogen.

[120] Insofern handelt es sich nicht um eine Konzentrationsmessung gemäß der engeren Definition von Konzentration im vorherigen Abschnitt, da Konsortien und Allianzen eben Kooperationsformen darstellen. Der Konzentrationsbegriff ist an dieser Stelle auch auf horizontale Kooperationen ausgedehnt worden.

[121] Vgl. ABERLE (1992), S. 150; SHY (1995), S. 211.

Tabelle 17: Dynamische Kapazitätsanteile von Konsortien und Allianzen auf der Nordatlantik- und Europa-Fernost-Route (Stand: 1999)

Europa-Fernost	Kapazitätsanteil in %	Nordatlantik	Kapazitätsanteil in %
Grand Alliance	25,4	VSA*	19,0
New World Alliance	15,7	Cosco/K-Line/Yangming	11,8
Maersk Sealand	14,4	MSC	11,3
Hanjin/Senator/Cho Yang	13,5	Lykes	10,7
K-Line/Yangming	8,4	Maersk	9,7
Evergreen/LT	7,1	Evergreen	9,4
Cosco	4,8	Hapag-Lloyd/NYK	7,2
CMA/CGM & Partner	4,3	United Alliance	6,3
Sonstige**	6,4	Sonstige**	14,6
Total	100,0	Total	100,0

* Vessel Sharing Agreement zwischen P&O Nedloyd, Sea-Land und OOCL.

**Bei „Sonstige" handelt es sich um die aggregierten dynamischen Kapazitäten aller Reedereien, die an keiner Kooperation beteiligt sind.

Quelle: LSE (2000), Heft Oktober, S. 15; LSE (1999), Heft Oktober, S. 18; eigene Berechnungen.

- $1000 \leq$ HHI ≤ 1800: mäßige Konzentration;
- HHI > 1800: hohe Konzentration.

Als entscheidendes Kriterium im Rahmen der Analyse von Kapazitätskonzentrationen ist die dynamische Kapazität heranzuziehen und nicht die statische. Dies resultiert aus der Tatsache heraus, dass statische Transportkapazitäten durch Variationen der mit deren Einsatz verbundenen Umlaufgeschwindigkeiten und Fahrtrouten beeinflusst werden können. Zwar sind infolge statischer Transportkapazitäten Rückschlüsse auf die technisch maximal erreichbaren dynamischen Transportkapazitäten möglich, das relevante Kapazitätsmaß spiegelt sich aber in jedem Falle in der dynamischen Kapazität wider.

Tabelle 18: Konzentrationsentwicklungen der dynamischen Transportkapazitäten gemessen am Hirshman-Herfindahl-Index (1995-1999).

	HHI 1995	HHI 1996	HHI 1997	HHI 1998	HHI 1999
Nordatlantik	1.211	1.188	1.104	1.078	1.065
Europa-Fernost	1.102	1.367	1.366	1.591	1.415

Quelle: LSE (2000), Heft Oktober, S. 15; LSE (1999), Heft Oktober, S. 18; LSE (1998), Heft Oktober, S. 24; LSE (1997), Heft August, S. 9; LSE (1997), Heft Oktober, S. 11; eigene Berechnungen.

In Tabelle 18 sind die Konzentrationstendenzen anhand der jährlichen dynamischen Kapazitäten sowohl für die Nordatlantik- als auch für die Europa-Fernost-Route mittels des Hirshman-Herfindahl-Index von 1995 bis 1999 dargestellt.

Es wird deutlich, dass sich auf der Fernost-Route die Kapazitätskonzentrationen deutlich erhöht haben. Herrschte im Jahre 1995 noch eine schwache bis mäßige Konzentration vor, so ist im Jahre 1999 schon eine deutlich mäßigere Konzentration zu verzeichnen. Hierbei stiegen die Hirshman-Herfindahl-Indices in den Jahren 1996 und 1998 sprunghaft an. Zum einen formierten sich 1996 erstmals strategische Allianzen, zum anderen nahm der Trend zu Slot-Charter-Agreements und Konsortienbildung zu. Das Jahr 1998 war wiederum durch eine starke Kapazitätsausweitung seitens der Allianzen und Konsortien gekennzeichnet.

Auf der Nordatlantik-Route sank der Hirshman-Herfindahl-Index von 1995 bis 1999. Dies ist vor allem durch einen intensiveren Wettbewerb infolge veränderter wettbewerbspolitischer Rahmenbedingungen zu erkären.[122]

---

[122] Vgl. hierzu Abschnitt 4.1.

Insgesamt stellen die in Tabelle 18 ermittelten Werte zwar noch keine starke Konzentration dar, aber der Trend in diese Richtung ist zumindest auf der Fernost-Route eindeutig erkennbar. Allerdings ist in diesem Zusammenhang zu berücksichtigen, inwiefern die gebildeten Allianzen und Konsortien im Zeitablauf eine gewisse Stabilität aufweisen. Jedenfalls waren beide Kooperationsformen im betrachteten Zeitraum durch starke Fluktuationen und Partnertausch charakterisiert.

3.1.3 Preis- und Marktstrategien

Die bereits in Abschnitt 2.2 identifizierte Zunahme der Schiffsgrößen sowie die hieraus resultierenden Dichte- und Skaleneffekte dominieren den Wettbewerbsprozess in der Container-Linienschifffahrt in den relevanten Fahrtgebieten. Größere Schiffe ermöglichen sowohl die Realisierung von Economies-of-Density als auch von Economies-of-Scale, was sich in einem Kostenvorteil pro Slot widerspiegelt.

Als problematisch erweist sich allerdings die angemessene Kapazitätsauslastung der Großcontainerschiffe. Versuchen die Containerreedereien im Zuge von Preissenkungen ihre Kapazitäten auszulasten, entsteht ein erheblicher Preiswettbewerb zwischen den einzelnen Wettbewerbern. Reedereien mit relativ kleinen Schiffskapazitäten werden zunehmend aus dem Markt gedrängt, oder sie entwickeln sich zu Nischenanbietern. Der anhaltende Preisverfall bei den Frachtraten in Kombination mit einer Wettbewerbsstrategie der umfassenden Kostenführerschaft impliziert zunehmend einen Verdrängungswettbewerb mit der Folge, dass der Produktivitätsdruck sowie die Tendenz zu größeren Schiffseinheiten, stärkerer Kooperation oder sogar Konzentration auch zukünftig anhalten wird.

Der Einsatz größerer Schiffe generiert zudem verstärkt Markteintrittsbarrieren, da Newcomer mit ähnlichen Schiffsgrößen in die Fahrtgebiete eintreten müssen, um Produktivitäts- und somit Kostennachteile zu kompensieren. Bei den modernen Super-Post-Panamax-Containerschiffen handelt es sich außerdem um Investitionen, die eine hohe Faktorspezifität aufweisen. Faktorspezifität umschreibt dabei die Eigenschaft eines Produktionsfaktors, „nicht ohne Wertverlust in einen anderen Verwendungszweck überführbar zu sein.“[123] Faktorspezifität beinhaltet auch die Existenz von Sunk Costs. Bei Sunk Costs handelt es sich um aufgewendete Kosten, die bei Produktionseinstellung oder Marktaustritt nicht mehr rückgängig gemacht werden können und somit prinzipiell irreversibel sind.[124]

Die hohe Faktorspezifität und damit verbundene Kostenirreversibilitäten der Super-Post-Panamax-Schiffe offenbaren sich einerseits dadurch, dass diese Schiffsklasse heute und auch in absehbarer Zeit kaum gechartert werden kann und auch die Herausbildung eines echten Second-Hand-Marktes erscheint zumindest mittelfristig unrealistisch.[125] Andererseits können die Super-Post-Panamax-Schiffe nur auf bestimmten Routen eingesetzt werden und nur eine begrenzte Anzahl von Häfen aufgrund nautischer und terminalbezogener Bedingungen effizient anlaufen. Die Routen müssen über ein hohes Ladungsaufkommen sowie über lange Seestrecken verfügen. Hierbei kommen lediglich die Transpazifik-Verkehre, die Europa-Fernost-Route[126] als auch mit deutlicher Einschränkung die Europa-USEC-Verkehre in Betracht, sofern sich Kombinationsmöglichkeiten Fernost-Europa-USEC via Hub-Terminals im Mittelmeerraum ergeben.

---

123 HEDDERICH (1996), S. 50.

124 Vgl. FEESS (1997), S. 354.

125 Vgl. Drewry Shipping Consultants (1996a), S. 46.

126 Vgl. WÖRNLEIN (1995), S. 3.

Im Rahmen der deskriptiven Darstellung der Preis- und Marktstrategien der Reedereien kann analysiert werden, inwieweit diese Strategien, nämlich umfassende Kostenführerschaft und dem daraus folgenden Verdrängungswettbewerb sowie Errichtung von Marktbarrieren, auch mittel- bis langfristig tragfähig sind. Hierbei ist zu prüfen, ob diese Strategien für die nach dem Verdrängungsprozess im Markt verbleibenden Unternehmen auch eine überragende Wettbewerbsposition sicherstellen.

Als analytischer Ansatz sei hier der Argumentation von ABERLE gefolgt:

„Eine Verdrängungsstrategie ist nur dann ökonomisch sinnvoll, wenn nach der Verdrängung die Durchsetzung überhöhter Preise möglich ist. Dies setzt die Existenz hoher Marktzutrittsschranken voraus, da anderenfalls das verdrängende Unternehmen durch den Druck potentieller Konkurrenz diszipliniert wird."[127]

ABERLE stützt sich hier auf die Theorie der Contestable Markets, nach welcher bei Vorlage profitabler Markteintrittspläne seitens potenzieller Konkurrenten in Kombination mit geringen oder sogar der vollständigen Nichtexistenz von Sunk Costs potenzielle Konkurrenten einen starken Anreiz haben, in den Markt einzutreten.

Die These ABERLES soll im Folgenden sowohl anhand eines mikroökonomischen als auch eines spieltheoretischen Modells überprüft werden. Das mikroökonomische Modell wurde von GELMAN und SALOP erstmalig 1983 veröffentlicht. Im Rahmen dieses Modells wird eine strategische Option eines potenziellen Newcomers analysiert, mittels seiner Kapazitätswahl erfolgreich in

---

127 ABERLE (1992), S. 64.

den Markt eintreten zu können.[128] Anschließend soll dieses Modell spieltheoretisch fundiert werden.

Zunächst sei p^e der Preis des potenziellen Newcomers und k seine investierte Markteintrittskapazität. Der Marktpreis des Monopolisten sei p^l. Die Marktnachfrage ist mit der Funktion p = A - Q umschrieben. q^e und q^l seien die produzierten Mengen des potenziellen Konkurrenten respektive des Etablierten. Das Modell unterliegt folgenden Prämissen:[129]

- Die Produktion sei aus Gründen der Vereinfachung kostenlos.
- Beide Anbieter produzieren homogene Güter.
- Die Nachfrager präferieren die Güter des preiswertesten Anbieters; bei Preisgleichheit wird das Angebot des etablierten Anbieters gekauft.

Die einzelnen unternehmensbezogenen Marktnachfragefunktionen sind daher

$$q^l = \begin{cases} A - p^l & \text{, wenn } p^l \leq p^e \\ A - k - p^l & \text{, wenn } p^l > p^e \end{cases}$$

$$q^e = \begin{cases} k & \text{, wenn } p^e < p^l \\ 0 & \text{, wenn } p^e \geq p^l. \end{cases}$$

Der potenzielle Newcomer tritt in den Markt ein und setzt einen Preis $p^e < p^l$, so dass er einen Marktanteil in Höhe seiner investierten Kapazität k gewinnt. Der etablierten Unternehmung verbleibt eine Residualnachfrage von $q^l = A - k - p^l$.

---

[128] Vgl. GELMAN / SALOP (1983), S. 315 ff.

Der Monopolist hat zu entscheiden, ob er den Markteintritt tolerieren soll oder nicht. Bei Markteintrittstolerierung ergibt sich für den etablierten Anbieter ein Gewinn-Niveau von

$$\pi_A^I = p^I (A - k - p^I)$$

und bei Nichttolerierung ein Gewinn-Niveau von

$$\pi_D^I = p^e (A - p^e).$$

Im Falle einer Markteintrittstolerierung setzt die etablierte Unternehmung einen Preis $p^I > p^e$. Maximierung der Gewinnfunktion

$$\max \pi^I = p^I (A - k - p^I)$$

ergibt sich mittels der ersten Ableitung nach p^I:

$$\frac{\partial \pi^I}{\partial p^I} = A - k - 2p^I = 0.$$

Hieraus resultieren der gewinnmaximale Preis sowie der gewinnmaximale Output:

$$p_A^I = (A - k)/2,$$

$$q_A^I = (A - k)/2.$$

Mittels Substitution der gewinnmaximalen Preisgleichung p_A^I in die Gewinngleichung π_A^I erhält man folgende neue Gewinngleichung als Funktion von k:

---

[129] Die theoretische Darstellung des Modells von GELMAN und SALOP erfolgt hier in Anlehnung an SHY (1995). Für die folgenden mathematischen Ausführungen im Rahmen dieses mikroökonomischen Modells vgl. SHY (1995), S. 198 ff.

$$\pi_A^l = (A-k)^2/4.$$

Der Monopolist wird den Markteintritt tolerierenm, solange

$$\pi_A^l \geq \pi_D^l$$

und

$$\frac{(A-k)^2}{4} \geq p^e(A-p^e)$$

ist.

Aus dem Modell lassen sich folgende Aussagen ableiten:

- Je geringer die gewählte Markteintrittskapazität k des Newcomers ist, desto größer ist das Gewinn-Niveau π_A^l des Etablierten bei Markteintrittstolerierung.
- Je kleiner der gesetzte Markteintrittspreis p^e des Newcomers ist, desto geringer wird das Gewinn-Niveau π_D^l der etablierten Unternehmungen bei Nichttolerierung des Markteintritts sein, da diese einen Preis von maximal $p^l = p^e$ setzen können, um einen Markteintritt verhindern zu können.
- Auch im Falle der Existenz von Sunk Costs hat der Newcomer einen Anreiz, in den Markt einzutreten, da diese aufgrund seiner Gewinnerzielung zumindest zum Teil, unter Umständen sogar vollständig gedeckt werden können.

Aus den ersten beiden Aussagen lässt sich schließen, dass bei ausreichend geringer Markteintrittskapazität k sowie ausreichend geringem Preis p^e eine Verhinderungsstrategie des Monopolisten zu einem geringeren Gewinn-Niveau im Vergleich zu einer Eintrittstolerierung führt, womit sich Anreize ergeben, den Newcomer in den Markt eintreten zu lassen.[130]

Das oben vorgestellte Modell von GELMAN und SALOP soll nun im Rahmen einer spieltheoretischen Analyse diskutiert werden. Es sollen dabei die Sunk Costs stärker in das ökonomische Kalkül einbezogen werden. Bei der nachfolgenden Analyse handelt es sich um ein Spiel in extensiver Form, wobei die einzelnen Züge der Spieler nicht simultan, sondern nacheinander folgen. Für das Spiel sind folgende Prämissen wichtig:

- Die Akteure streben danach, ihren Gewinn oder ihre jeweiligen Auszahlungen zu maximieren.
- Beide Spieler haben vollständige Voraussicht über alle vergangenen, aktuellen und zukünftigen Sachverhalte und Ereignisse (vollständige Information).
- Der Newcomer wählt bei Markteintritt seine Kapazität k sowie seinen Markteintrittspreis p^e so, dass immer die folgende Bedingung erfüllt ist: $\pi_A^I = (A-k)^2/4 > p^e(A-p^e) = \pi_D^I$.

Das Spiel ist anhand der Abbildung 11 dargestellt. Der Newcomer hat im ersten Zug zu entscheiden, ob er in den Markt eintritt oder nicht. Im zweiten Zug muss nun der Monopolist offenbaren, ob er den Markteintritt toleriert ($p^I > p^e$) oder nicht ($p^I \leq p^e$). Tritt der Newcomer in den Markt ein und wird er auch von dem Monopolisten akzeptiert ($p^I > p^e$), so erzielt der Newcomer einen Gewinn abzüglich seiner Sunk Costs in Höhe von $\pi^e = \phi - \varepsilon$, wobei $\phi = p^e \cdot k$.

---

130 Vgl. SHY (1995), S. 200.

Abbildung 11: Spieltheoretischer Ansatz einer Markteintrittsentscheidung

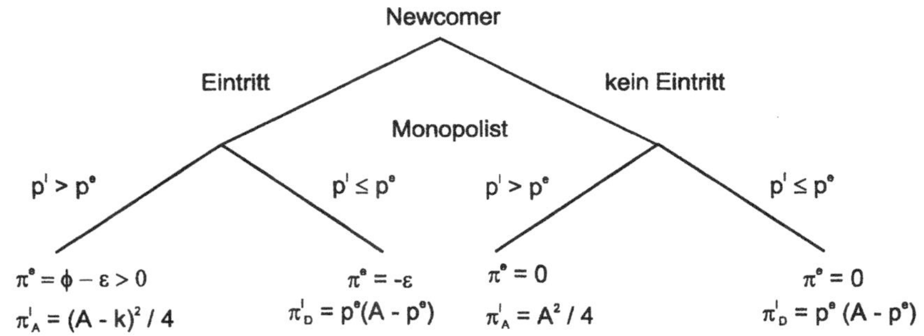

Quelle: Eigene Darstellung.

Die vom Mitbewerber versunkenen Kosten sind dabei ε. Der Monopolist erzielt einen Gewinn in Höhe von $\pi^l_A = (A - k)^2 / 4$.

Tritt der Newcomer in den Markt ein, und wird er vom Monopolisten nicht toleriert, so verliert der Newcomer vollständig seine Sunk Costs (ε). Der Gewinn des Monopolisten schmälert sich auf $\pi^l_D = p^e(A - p^e)$.

Im Falle, dass der Newcomer überhaupt nicht in den Markt eintritt, ist sein Gewinn null ($\pi^e = 0$). Der Ast des Entscheidungsbaumes, der Markteintrittsverhinderungsstrategie des Monopolisten bei Nichteintritt seitens des potenziellen Newcomers aufzeigt, ist in der Abbildung lediglich vollständigkeitshalber dargestellt. Es ist selbstverständlich, dass der Etablierte bei Nichteintritt des potenziellen Newcomers sich so verhalten wird, als ob er den Markteintritt tolerieren würde. Andernfalls würde sich sein Gewinn auf das Niveau $\pi^l_D = p^e(A - p^e)$ reduzieren. Dieses Verhalten entbehrt letztlich jeglicher rationaler Entscheidungsgrundlage.

Bei genauerer Betrachtung des Entscheidungsbaumes in Verbindung mit den formulierten Prämissen wird deutlich, dass der Monopolist im Rahmen seiner Gewinnmaximierung immer den Markteintritt tolerieren wird, also immer $p^{l} > p^{e}$ spielt. Die Nichttolerierungsvariante stellt also eine unglaubwürdige Drohung (Incredible Threat) dar.[131]

Aufgrund der Annahme vollkommener Information ist sich der Newcomer der unglaubwürdigen Drohung des Etablierten bewusst und wählt den ersten Zug so, dass sein Gewinn nach der Entscheidung des Monopolisten nunmehr maximiert wird. Folglich wird der Newcomer in den Markt eintreten; der Etablierte toleriert den Eintritt und gewinnt $\pi_A^{l} = (A-k)^2/4$. Das Gewinn-Niveau abzüglich der Sunk Costs des Newcomers beträgt somit $\pi^{e} = \phi - \varepsilon > 0$. Bei dieser Konstellation stellt sich folglich ein teilspielperfektes Gleichgewicht ein, welches als Lösungskonzept für dieses dynamische Spiel anzusehen ist.[132]

Es sei nun angenommen, dass der potenzielle Konkurrent seine Sunk Costs nach erfolgtem Markteintritt nicht decken kann ($\pi^{e} = \phi - \varepsilon < 0$). In diesem Falle wird der potenzielle Newcomer gar nicht erst in den Markt eintreten, da eine Marktabstinenz für ihn immer vorteilhafter sein wird. Bei vollständiger Marktabwesenheit versenkt der potenzielle Newcomer nämlich überhaupt keine Kosten ($\varepsilon = 0$). Tritt er jedoch in den Markt ein, so wird immer ein Verlust realisiert, und zwar in Höhe eines Teils seiner Sunk Costs.

Der Newcomer kann jetzt versuchen, mit Hilfe einer größeren Kapazität k sowie eines höheren Preises p^{e} in den Markt einzutreten und somit ϕ zu erhö-

---

131 Vgl. SHY (1995), S. 26.

132 Das teilspielperfekte Gleichgewicht als Lösungskonzept dynamischer Spiele wurde von SELTEN entwickelt, der hierfür zusammen mit NASH und HARSANYI im Jahre 1994 den Nobelpreis erhielt. Zum teilspielperfekten Gleichgewicht vgl. u.a. FEESS (1997), S. 391 ff., der eine leicht verständliche Einführung in dieses Thema liefert.

hen. Bei dieser Strategie sind ihm jedoch Restriktionen gesetzt, da die vom Newcomer vorgenommenen Parameterveränderungen sich unmittelbar in den Gewinnsituationen des Monopolisten bei Markteintrittstolerierung bzw. -nichttolerierung widerspiegeln. Wird k erhöht, so vermindert sich der Monopolgewinn bei Eintrittstolerierung. Bei einer Anhebung von p^e erhöht sich bei einer entsprechenden Preisanpassung ($p^l \leq p^e$) der Gewinn des Monopolisten bei Nichttolerierung. Es ergeben sich somit stärkere Anreize für den Monopolisten, einen Marktzutritt zu verhindern, was in letzter Konsequenz zu einer Aufhebung der Prämisse $\pi_A^l = (A-k)^2/4 > p^e(A-p^e) = \pi_D^l$ führt.

Die veränderten Gewinnverteilungen des Monopolisten gehen aufgrund der vollkommenen Information auch in das ökonomische Kalkül des potenziellen Newcomers ein. Ist zu erwarten, dass der Monopolist den Markteintritt nach den Parameteränderungen nicht toleriert, so wird der potenzielle Konkurrent es weiterhin vorziehen, dem Markt fernzubleiben, da $0 > -\varepsilon$.

3.2 Kontrolle der Landtransportketten

Die Kontrolle der Landtransportketten ist eine unmittelbare Komplementärstrategie der Reedereien im Zuge der Containerisierung. Es ist in den folgenden Punkten zu analysieren, wie die FCL-Landtransporte wirtschaftlich-organisatorisch gestaltet sind und in welchem Konkurrenzverhältnis sich die Akteure befinden. Zudem ist zu berücksichtigen, inwiefern sich ein Vordringen der Reeder in die Landtransportmärkte ökonomisch rechtfertigen lässt und ob diese überhaupt profitabel sind. Zuletzt sollen theoretische Modelle zur Erklärung der Existenz von integrierten Preissystemen im Haus-Haus-Containerverkehr beitragen.

3.2.1 Organisation multimodaler Transportketten

Im Zuge der zunehmenden Ansprüche der Verlader an Logistiklösungen im Rahmen eines Supply-Chain-Managements sind die operativen Aktivitäten der Containerreedereien nicht mehr ausschließlich im reinen Seetransport anzutreffen. Die Reedereien bieten den Verladern verstärkt auch Haus-Haus-Verkehre an, woraus sich die Notwendigkeit ergibt, zusätzlich auf den Landverkehrsmärkten tätig zu werden.

Da aber immer noch ein Großteil der internationalen Containerverschiffungen auf FOB- oder CIF-Basis erfolgt,[133] haben die Verlader bzw. Empfänger von FCL-Containern grundsätzlich die Wahlmöglichkeit, Inlandstransporte ihrer Containersendungen entweder in Carrier-Haulage oder in Merchant-Haulage durchzuführen.

Beim Carrier-Haulage ist die Reederei mit dem Transport vom oder zum Containerterminal des entsprechenden Hafens durch den Verlader/Empfänger beauftragt worden. Im Rahmen eines reedereiorganisierten Exportvorlaufs wird der Leercontainer zunächst aus einem nahegelegenen reedereieigenen Containerdepot abgeholt und beim Verlader gestellt. Die Leercontainergestellung kann aber auch direkt im Anschluss eines Import-Carrier-Haulage geschehen. Nach dem Beladen des Containers erfolgen Lastlauf sowie Containerübergabe am Terminal des Verladehafens. Bei einem Importcontainer erfolgt die Zustellung des vollbeladenen Containers zum Empfänger sowie die Rückführung des Leercontainers zum Containerdepot der jeweiligen Reederei bzw. die sofortige direkte Gestellung beim nächsten Verlader als Exportcontainer.[134]

---

133 Vgl. BEDDOW (1998), S. 85.

134 Vgl. LORENZ (1995), S. 411.

Bei der Organisation eines Containertransportes mittels Merchant-Haulage führt der jeweilige Verlader die Containertransporte in eigener Regie aus. Beim Export werden Container leer im Verladehafen oder einem Inlandscontainerdepot des Reeders abgeholt und beladen wieder in den Verladehafen zurücktransportiert. Importboxen sind am Terminal des Löschhafens in Empfang zu nehmen und zur Entladestelle zu transportieren, um anschließend wieder im Löschhafen oder im vorher vereinbarten Inlandsdepot dem Reeder zur Verfügung gestellt zu werden.[135]

Genauere prozentuale Anteile von Carrier und Merchant-Haulage sind schwierig zu bestimmen, da die Reedereien in diesem Zusammenhang eine sehr restriktive Informationspolitik betreiben. Der Anteil der in Carrier-Haulage organisierten Containerläufe in Kontinentaleuropa wird von Experten derzeit auf etwa 30 % geschätzt. In Großbritannien wird der Carrier-Haulage-Anteil hingegen auf über 70 % veranschlagt.[136]

Beim Carrier-Haulage fungiert die Reederei als Spediteur. In der Regel verfügen die Containerreedereien über keine oder nur geringe Landtransportkapazitäten, so dass diese Verkehrsleistungen von Containertruckern, Bahnbetreibern sowie Binnenschifffahrtsgesellschaften eingekauft werden müssen. Insofern besteht auf den Landtransportmärkten weniger eine direkte Konkurrenzbeziehung zwischen Reederei und Frachtführer, sondern vielmehr ein intensiver Wettbewerb zwischen den Speditionen und den Containerreedereien. Dabei wird die gesamte Transportkette im Haus-Haus-Verkehr den Verladern als Paket angeboten.

---

135 Vgl. LORENZ (1995), S. 411.

136 Vgl. BEDDOW (1999b), S. 72.

Aufgrund der Konkurrenzsituation mit den Speditionen bei den Containervor- und -nachläufen haben die Containerreedereien Strategien entwickelt, um den Wettbewerb mit den Speditionen einzuschränken. So wird beispielsweise bei Abnahme oder Zustellung des Containers in Merchant-Haulage von den Reedern am Terminal eine so genannte Lift-on-Lift-off-Charge (LoLo-Charge) erhoben, welche die Kosten für das Auf- und Absetzen des Containers auf den Lkw oder den Bahnwaggon abgelten soll. Diese LoLo-Charge wird beim Carrier-Haulage nicht explizit berechnet.

Zudem können durch die Anweisung des Reeders, an welchem Ort der Leercontainer bei Merchant-Haulage abzuholen bzw. zurückzugeben ist, die Kosten der Speditionen oder irgendeines Frachtführers erhöht werden. Ist zum Beispiel eine Exportcontainergestellung in München vorzunehmen, so kann der Reeder dem Spediteur im Rahmen von Merchant-Haulage vorschreiben, den Leercontainer im Seehafen und nicht in einem in der Nähe von München gelegenen Reedereidepot abzunehmen. Dies kann beim Spediteur Leerlauffrachten mit entsprechenden Kostensteigerungen für die Containergestellung in München verursachen. Um die erhöhten Kosten abdecken zu können, muss für die Strecke Seehafen-München zusätzlich containerisierbare Ladung akquiriert werden.[137]

Für die Organisation der inländischen Containertransporte haben die Reedereien oftmals eigene Speditionstochtergesellschaften gegründet oder gekauft. Als Beispiele können hier exemplarisch Maersk/Mercantile oder P&O Nedlloyd/P&O Trans European angeführt werden. Zwar repräsentieren diese Unternehmen eigene Profit-Center im Gesamtkonzern, dennoch können sie als vom Konzern weisungsgebunden betrachtet werden.[138] Hieraus ergeben

---

[137] Vgl. LORENZ (1995), S. 412.

[138] Vgl. BEDDOW (1998), S. 84.

sich Möglichkeiten nachhaltiger Quersubventionierungen, um mit Hilfe niedriger Preise das Carrier-Haulage für die Verlader attraktiver zu gestalten und somit einen höheren Auslastungsgrad der Seeschiffe sicherzustellen. In diesem Sinne würde das Carrier-Haulage als strategische Variable dienen, zusätzliche Containerladung für die Seeschiffe zu beschaffen.

Inwieweit auch immer sich die Containerreedereien auf den Landtransportmärkten engagieren, eine wesentliche Voraussetzung ist, dass diese auch profitabel sind. Die überwiegende Anzahl der Containertransporte auf dem europäischen Festland wird mit dem Lkw abgewickelt. Doch gerade der Lkw-Transport ist von der Mehrzahl der Reedereien outgesourct worden. Da es sich bei einem Containerrundlauf um ein weitestgehend homogenes Gut ohne Möglichkeit zur Produktdifferenzierung handelt, liegt der Schluss nahe, dass Carrier-Haulage unter Umständen keine sehr attraktiven Gewinnmargen bietet,[139] was im nachfolgenden Abschnitt im Zusammenhang mit der gesamten Containertransportkette genauer betrachtet wird.

3.2.2 Erlös- und Kostenstrukturen einer Containertransportkette

Bezüglich der Analyse von Erlös- und Kostenstrukturen multimodaler Containertransportketten wurde im Rahmen dieser Arbeit die Transportkette für einen 40'-Containerlauf von München nach St. Louis (USA) beispielhaft betrachtet. Es sei hier unterstellt, dass der Reeder die gesamte Transportkette organisiert, die landseitigen Containertransporte also mittels Carrier-Haulage durchgeführt werden. Die einzelnen Glieder dieser Transportkette lassen sich wie folgt darstellen:

- Containervorlauf von München bis Hamburg

- Handling am Containerterminal in Hamburg
- Seetransport Hamburg-New York
- Handling am Containerterminal in New York
- Containernachlauf nach St. Louis.

Das Containerhandling an den Terminals wird durch die so genannten Terminal-Handling-Charges (THC) abgegolten. Die THC werden durch den Reeder dem Verlader bzw. dem Empfänger in Rechnung gestellt, womit die entstandenen Kosten an den Terminals auf den Kunden übergewälzt werden sollen. Die THC sind durch die Konferenzen fixiert. Ob sie aber auch den tatsächlich entstandenen Kosten am Terminal entsprechen, wird zumindest seitens der Verladerverbände bezweifelt.[140]

Die Erlösstrukturen eines repräsentativen Reeders bei einem solchen Transport wurde mit Hilfe einer Ratenanfrage von CONTAINERISATION INTERNATIONAL bei diversen Reedereien berechnet. Die Ergebnisse sind in Tabelle 19 dargestellt.[141]

Um die Erlöse nun den Kosten gegenüberstellen zu können, müssen Informationen über die Kostenstrukturen einer Containerreederei in Erfahrung gebracht werden. RAY MILES, Präsident der Canadian Pacific Ship Reederei, gab anlässlich der „Intermodal ´96" in London folgende Indikation für die Aufschlüsselung der Gesamtkosten seiner Reederei für den Containerverkehr an:[142]

---

139 Vgl. BEDDOW (1998), S. 85.

140 Vgl. CRICHTON (1998), S. 43 ff.

141 Vgl. ELLER (1999), S 42 f.

142 Vgl. o.V. (1997), S. 57. Bei Canadian Pacific handelt es sich um eine Reederei, die überwiegend auf der Nordatlantik-Route operiert.

Tabelle 19: Reedereierlöse eines 40'-Containertransportes von München nach St. Louis (USA)

Erlösposition	Betrag in US-$
Vorlauf München-Hamburg	650
THC Hamburg	195
Seefracht Hamburg-New York	1.350
THC New York	500
Nachlauf New York-St. Louis	925
Total	3.620

Quelle: ELLER (1999), S. 43; eigene Berechnungen.

- Schiffskosten: 15 %
- Terminals: 14 %
- Landtransport: 42 %
- Leercontainergestellung: 6 %
- allg. Containerkosten: 4 %
- Overheads und sonstige Kosten: 19 %.

Da es sich bei diesen Indikationen lediglich um prozentuale Anteile handelt, muss zumindest eine Kostengröße mit dem absoluten Wert bekannt sein, um die restlichen Kostenbestandteile berechnen zu können. DREWRY SHIPPING CONSULTANTS geben für die Häfen Hamburg und New York Terminalkosten in Höhe von 230 US-$/FEU sowie 220 US-$/FEU an.[143] Anhand der prozentualen Kostenstruktur sowie der absoluten Größe der Terminalkosten (450 US-$/FEU) ist man nun imstande, die absoluten Werte der fehlenden Kos-

[143] Vgl. Drewry Shipping Consultants (1996b), S. 127.

Tabelle 20: Geschätzte Reedereikosten eines 40'-Containertransportes von München nach St. Louis (USA)

Kostenpositionen	Anteil in %	Absoluter Wert in US-$
Schiff	15	482
Terminal	14	450
Landtransport	42	1.350
Leercontainergestellung	6	193
allg. Containerkosten	4	129
Overheads	19	611
Total	100	3.215

Quelle: o.V. (1997), S. 57; eigene Berechnungen.

tenkomponenten zu schätzen. Die Ergebnisse dieser Berechnungen sind in Tabelle 20 abgebildet.

Die von MILES für den gesamten Linienschifffahrtsbereich vorgegebene Kostenstruktur soll nun als Benchmark aufgefasst werden, um somit die konkreten Erlöspositionen in Tabelle 19 den absoluten Kostenkomponenten in Tabelle 20 gegenüberstellen zu können. Beim Vergleich in Tabelle 21 wurden die Kostenpositionen allg. Containerkosten und Overheads den Schiffskosten zugeschlagen. Die Leercontainergestellungskosten sind auf die Position Containerlandtransporte umgelegt.

Das oben angeführte Beispiel kann zwar nicht unkritisch auf sämtliche Containertransporte auf der Nordatlantik-Route übertragen werden, dennoch können unter Berücksichtigung der jeweiligen Kostenstrukturen der Reedereien in Verbindung mit den entsprechenden Inlandsrelationen allgemeine Trends näherungsweise und unter Zuhilfenahme qualitativer Aspekte abgeleitet werden. Zumindest ist unter dem Gesichtspunkt, eine angemessene

Tabelle 21: Gegenüberstellung von Reedereierlösen und -kosten eines 40'-Containertransportes von München nach St. Louis (USA)

	Erlös in US-$	Kosten in US-$	Differenz in US-$
Seefracht/Schiff	1.350	1.222	128
Landtransporte	1.575	1.543	32
THC	695	450	245
Total	3.620	3.215	405

Quelle: Eigene Darstellung.

Auslastung der Containerseeschiffe zu garantieren, ein betriebswirtschaftlicher Anreiz für die Reedereien zu erkennen, konzentrierter in die landgebundenen Transporte sowie in den Terminalbetrieb einzudringen.

Die Gegenüberstellung verdeutlicht, dass die Seefrachterlöse ausreichen, die Schiffskosten sowie die Overheads und die allgemeinen Containerkosten zu decken, wobei immer noch eine als angemessen zu bezeichnende Gewinnmarge verbleibt. Die Containerlandtransporte sind für die Reedereien zwar profitabel, allerdings sind dem Erzielen von Super-Normal-Profits aufgrund der Möglichkeit, den Transport mittels Merchant-Haulage durchzuführen, Restriktionen gesetzt. Die THC werden dem Verlader nicht kostenneutral angerechnet, sondern spiegeln letztlich Zusatzerlöse für die Reedereien wider. Da die THC von den Konferenzen festgelegt und in der Regel auch von den Außenseitern übernommen werden, repräsentieren sie aus Sicht des Reeders Extraerlöse, ohne eine besondere zusätzliche Leistungserstellung zu erbringen.[144]

---

144 Dividiert man in Tabelle 22 die einzelnen Erlöse durch die gegenüberstehenden Kosten, so erhält man folgende prozentualen Gewinnmargen: Seefracht/Schiff: 10,5 %; Landtransporte 2,1 %; THC 54,4 %. Diese Gewinnmargen unterstützen quantitativ die oben

Das Kaschieren der THC in Kombination mit einer Quersubventionierung einzelner Teile der Containertransportkette kann unter anderem als Argument angeführt werden, die einzelnen Preiskomponenten der jeweiligen Transport- und Umschlagleistungen im Rahmen einer Offerte an den Verlader nicht mehr explizit aufzuführen, sondern mittels integrierter Preisgestaltung in Form einer Pauschalfracht im Haus-Haus-Verkehr anzubieten.

3.2.3 Integrierte Preisgestaltung

Für die Beurteilung möglicher Vorteile der integrierten Preisgestaltung soll im Folgenden eine Containertransportkette betrachtet werden, die sich aus einem See- sowie einem Landtransport zusammensetzt. Der Seetransport sei in der anschließenden formalen Analyse mit dem Index „x", der Landtransport mit „y" umschrieben. p_x bezeichnet den Preis für den Seetransport, p_y den Preis für den Landtransport. Der Gesamtpreis der Transportkette ergibt sich folglich aus der Addition der einzelnen Transportkomponenten: $p_s = p_x + p_y$. In diesem Zusammenhang sei Q die gesamte Nachfrage nach dem Transportsystem. Die aggregierte Nachfrage nach Q kann formal wie folgt dargestellt werden:[145]

$$Q = \alpha - p_s = \alpha - (p_x + p_y) \quad \text{oder} \quad p_s = p_x + p_y = \alpha - Q\,, \quad \alpha > 0.$$

x und y repräsentieren die Anzahl der verkauften Seetransporte bzw. Landtransporte. Da See- und Landtransport perfekte Komplementärgüter in einer Transportkette darstellen, ist x = y = Q.

genannten Aussagen bezüglich der Attraktivität einzelner Komponenten der Containertransportkette.

145 Das nachstehende formale Erklärungsmodell erfolgt in Anlehnung an SHY (1995), S. 180 f.

Es sei nun angenommen, dass die einzelnen Systemkomponenten der Transportkette von zwei verschiedenen Unternehmen (x und y) angeboten werden, deren strategische Aktionsparameter ausschließlich durch den Preis determiniert sind. Zudem sei unterstellt, dass die von den Unternehmungen erbrachten Transportleistungen keine Kosten verursachen. Bei Beförderungspreisen p_x und p_y werden die Unternehmung x sowie die Unternehmung y den Preis p_x bzw. p_y so wählen, dass folgende Gewinnfunktionen maximiert werden:

$$\max \pi_x = p_x \cdot x = p_x(\alpha - (p_x + p_y)),$$

$$\max \pi_y = p_y \cdot y = p_y(\alpha - (p_x + p_y)).$$

Als erste Ableitungen ergeben sich somit

$$\frac{\partial \pi_x}{\partial p_x} = \alpha - 2\,p_x - p_y = 0\,,$$

$$\frac{\partial \pi_y}{\partial p_y} = \alpha - 2\,p_y - p_x = 0\,.$$

Wenn nun die ersten Ableitungen nach den jeweiligen Preisen aufgelöst werden, so erhält man die Reaktionsfunktionen der beiden Unternehmen:

$$p_x = (\alpha - p_y)/2\,,$$

$$p_y = (\alpha - p_x)/2\,.$$

Aus den beiden Reaktionsfunktionen lässt sich das Nash-Gleichgewicht bestimmen:

$$p_x = p_y = \frac{\alpha}{3}, \quad Q = x = y = \alpha - (p_x + p_y) = \frac{\alpha}{3} \quad \text{und} \quad \pi_x = \pi_y = \frac{\alpha^2}{9}.$$

Es sei nun unterstellt, dass die beiden Firmen miteinander kooperieren, um den Gewinn des Gesamtsystems Transportkette zu erhöhen.[146] Der Preis p_s wird daher so gewählt, dass die nachstehende Gewinnfunktion maximiert wird:

$$\max \pi_{xy} = p_s(\alpha - p_s).$$

Hieraus ergibt sich als erste Ableitung:

$$\frac{\partial \pi_{xy}}{\partial p_s} = \alpha - 2p_s.$$

Folglich können der gewinnmaximale Preis, die gewinnmaximale Menge der verkauften Transportketten (Land- + Seetransport) sowie das Gewinn-Niveau problemlos für den vertikal integrierten Anbieter der Transportsysteme berechnet werden:

$$p_S^I = \frac{\alpha}{2}, \qquad Q^I = x^I = y^I = \alpha - p_S^I = \frac{\alpha}{2}, \qquad \pi_{xy}^I = \frac{\alpha^2}{4}.$$

Vergleicht man den Systemansatz der Transportkette, bei welchem die See- und Landtransporte aus einer Hand angeboten werden, mit jenem, bei welchem die einzelnen Systemkomponenten von zwei Anbietern unabhängig voneinander eingekauft werden können, so lassen sich folgende Aussagen treffen:[147]

- Nach einer Integration der Systemkomponenten sinkt der Gesamtpreis der Transportkette ($p_S^I < p_S = p_x + p_y$).

---

146 Ein solcher Fall kann z.B. dadurch entstehen, dass ein vertikal integrierter Transportkonzern die Profit-Center-Eigenschaft der Seetransport- sowie der Landtransportsparte aufhebt.

- Die Anzahl der nachgefragten Transportketten steigt ($Q^I > Q$).
- Bei einer Integration der Systemkomponenten steigt das Gewinn-Niveau ($\pi^I_{xy} > \pi_x + \pi_y$) des Anbieters einer Transportkette.

Die oben genannten Aussagen lassen sich ökonomisch wie folgt erklären: Handelt es sich bei den beiden Systemkomponenten um perfekte Komplemente, so reduziert eine Preiserhöhung einer Systemkomponente die Nachfrage nach der gesamten Transportkette und somit die Nachfrage nach beiden Komponenten insgesamt. Unter der Bedingung eines Preiswettbewerbs zwischen unabhängig voneinander jeweils eine Systemkomponente produzierende Unternehmen kann es z.B. vorkommen, dass ein Unternehmen seinen Transportpreis erhöht, um einen höheren Erlös zu erzielen. Da das Unternehmen zunächst durch die geringere Nachfrage nach seiner Transportleistung betroffen ist und nicht durch den Nachfragerückgang des Systems insgesamt, werden aus diesem Grunde die negativen externen Effekte auf die jeweils andere Unternehmung nicht internalisiert. Bei einer Kooperation oder einem Zusammenschluss beider Komponentenanbieter wird jedoch dieser negative externe Effekt mit in das ökonomische Kalkül gezogen und im Rahmen einer einheitlichen Preispolitik eliminiert.[148]

Als weiteren theoretischen Erklärungsansatz für die Etablierung eines integrierten Preissystems kann die in der angelsächsischen Literatur allgemein als Bundling bezeichnete Preisbildungsmethode herangezogen werden. Beim Bundling werden mehrere Güter gebündelt zu einem Preis angeboten. Trotz der weiten Verbreitung von Bundling in der Praxis gibt es jedoch aufgrund der

---

147 Vgl. SHY (1995), S. 181.

148 Vgl. ähnlich SHY (1995), S. 181 f.

Schwierigkeit, allgemeingültige analytische Ergebnisse zu erhalten, wenige wissenschaftliche und theoretische Abhandlungen über Bundling.[149]

Im Rahmen eines analytischen Beispiels für die Wirkungen von Bundling sei unterstellt, dass eine Reederei einen Transport anbietet. Es gibt zwei Verlader A und B. Verlader A ist bereit, für einen Landtransport eines Standardcontainers $900 zu zahlen, $300 für den Seetransport und $1.200 für Land- und Seetransport zusammen. Verlader B signalisiert eine Zahlungsbereitschaft von $1.000 für den Landtransport und $200 für den Seetransport und ebenfalls $1.200 für beide.[150]

Es sei angenommen, dass der Reederei keine Kosten entstehen, so dass sie ausschließlich daran interessiert ist, den Erlös zu maximieren. Ist es der Reederei z.B. per Gesetz nicht möglich, zwischen den beiden Verladern eine Preisdifferenzierung durchzuführen, so wird sie für den Landtransport $900 und für den Seetransport $200 verlangen, woraus sich ein Gesamterlös von $1.100 je Verlader ergibt. Sollte die Reederei jedoch auch See- und Landtransport gebündelt anbieten können, so wird sie von jedem Verlader einen Erlös von jeweils $1.200 erhalten. Infolge der Bündelung der Land- und Seetransporte zu einem Angebotspaket hat die Reederei tatsächlich eine Preisdifferenzierung zwischen beiden Verladern vorgenommen, ohne diese explizit zu veröffentlichen.[151]

---

149 Vgl. VARIAN (1989), S. 626.

150 Vgl. VARIAN (1989), S. 626.

151 Vgl. VARIAN (1989), S. 627.

3.3 Marktverhalten auf den Seehafenmärkten

Im Rahmen des Marktverhaltens auf den Seehafenmärkten sollen zunächst alternative Routing-Strukturen aufgezeigt und ökonomisch gerechtfertigt werden. Zudem wird dargestellt, welche Routing-Strategien von den jeweiligen Reedereien auf den zu analysierenden Verkehrsrouten verfolgt werden. In einem weiteren Abschnitt wird hinterfragt, warum für die Reedereien die vertikale Integration in den Terminalbetrieb profitabel erscheint, was an einem konkreten praktischen Beispiel sowie einem theoretischen Modell demonstriert wird. Da die vertikale Integration in den Terminalbetrieb überwiegend mittels Terminal-Lease vollzogen wird, sollen Strategien der vertraglichen Ausgestaltung des Terminal-Lease beschrieben und die finanzwirtschaftlichen Implikationen abschließend diskutiert werden.

3.3.1 Routing-Strategien

Die traditionelle operative Routing-Struktur der Linienschifffahrt war durch eine regelmäßige Verbindung einer Hafenrange von zwei Regionen gekennzeichnet, wobei die Schiffe beispielsweise ausschließlich zwischen Region A und Region B Güter transportierten. Mit Einführung des Containers wurde diese traditionelle Routing-Struktur zunehmend hinterfragt. Es stellte sich den Containerreedereien das Problem der ungleichen Handelsströme mit einer entsprechenden Unpaarigkeit von Leer- und Vollcontainern sowie von 20'- und 40'-Containern in einer Region, was zu erhöhten Positionierungskosten von Leercontainern und einem verringerten Kapazitätspotenzial der Containerschiffe mit Erlös bringenden Vollcontainern führte.[152]

---

[152] Vgl. GARDINER (1997), S. 5.

Aufgrund der Kostensteigerungen bei der Repositionierung der Container[153] werden als weitere Routing-Konzepte zunehmend so genannte Multi-Leg-Strategien praktiziert, bei denen es sich um eine Verknüpfung mehrerer Reisespeichen derselben Richtung handelt, um unpaarige Containerströme zumindest teilweise ausgleichen zu können. Multi-Leg-Dienste können in so genannte Round-the-World-Dienste (RTW-Dienste) sowie in Pendeldienste unterteilt werden.[154]

RTW-Dienste können als die horizontale Verknüpfung traditioneller bilateraler Routing-Strukturen (End-to-End-Dienste oder im folgenden Shuttle-Dienste) zu einer weltumspannenden Rundreise definiert werden. Bei RTW-Diensten werden in der Regel die drei Hauptverkehrsrouten, nämlich Transpazifik, Nordatlantik sowie Europa-Fernost miteinander verbunden.[155] Das vornehmliche Ziel von RTW-Diensten manifestiert sich zum einen in der Halbierung der Anzahl von Hafenanläufen, die sich bei einer Beibehaltung von drei separaten bilateralen Liniendiensten nicht ergeben würde.[156] Zum anderen versuchen die Reedereien, mittels RTW-Diensten und ergänzenden Feeder-Netzwerken ihrer operativen Transportreichweite einen globalen Angebotsstatus zu verleihen.[157]

Die Idee, RTW-Dienste in die Routing-Struktur der Reedereien zu implementieren, ist nicht vollkommen neu. Schon bevor die Containerisierung einsetzte, gab es bereits Linien, die RTW-Dienste in eine Verkehrsrichtung prakti-

---

153 So schätzten beispielsweise DREWRY SHIPPING CONSULTANTS im Jahre 1992, dass es sich bei etwa 21 % aller weltweit transportierten Boxen um Leercontainer handelt, die Repositionierungskosten von mehr als 3,5 Mrd. US-$ verursachen. Vgl. DREWRY SHIPPING CONSULTANTS (1992), S. 12.

154 Vgl. GARDINER (1997), S. 6 f.

155 Vgl. KIM (1987), S. 62.

156 Vgl. GARDINER (1997), S. 6.

157 Vgl. KIM (1987), S. 62.

zierten. Das Konzept, RTW-Dienste horizontal in beide Verkehrsrichtungen anzubieten, entstand jedoch erst während der Anfangsphase der Containerisierung in den siebziger Jahren.[158]

Als wesentliche ökonomische Vorteile von RTW-Diensten können folgende Punkte genannt werden:

- Die Kostenvorteile von RTW-Diensten können nachhaltig sein. RTW-Dienste verringern die nachteiligen Kosteneffekte bei ungleichen Handelsströmen mittels Kombination verschiedener Fahrtgebiete, wobei ein relativ hoher Ladefaktor bei den eingesetzten Schiffen erzielt werden kann.[159]
- RTW-Dienste bieten die Möglichkeit, durch eine Erhöhung der Zahl verschiedener Anlaufhäfen entlang einer bestimmten Speiche („Wayporting") zusätzliche Erlöse zu erzielen, indem Slots mehrmals verkauft werden.
- Durch den Einsatz von RTW-Diensten ist ein feineres Yield-Management durchführbar. Aufgrund einer Vielzahl von Einflüssen fluktuieren die Containervolumen auf den verschiedenen Speichen einer Weltrundreise. In diesem Zusammenhang können Reedereien mit RTW-Konzepten im Rahmen einer integrierten globalen Marketingaktivität angemessener und unter Zuhilfenahme von Preisdifferenzierungen auf den einzelnen Speichen flexibler reagieren. Somit können die Erlöse durch Quersubventionierungen stabilisiert werden.[160]

Als Hauptnachteile von RTW-Diensten sind insbesondere die nachstehenden Argumente zu berücksichtigen:

---

158 Die britische Reederei Overseas Containers Limited zog RTW-Dienste zwar Ende der sechziger Jahre in Erwägung, das Routing-Konzept wurde jedoch niemals praktisch umgesetzt. Vgl. GRAHAM / HUGHES (1985), S. 200.

159 Vgl. LIM (1996), S. 124.

160 Vgl. KIM (1987), S. 98 f.

- RTW-Dienste erfordern den Aufbau von Feeder-Netzwerken und Transhipment-Möglichkeiten. Die Etablierung solcher Hub-and-Spoke-Systeme ist aber nur mit erhöhten Investitionen und entsprechenden finanziellen Belastungen für die Reedereien zu bewerkstelligen.[161]

- RTW-Dienste können auf bestimmten Routen im Vergleich zu den traditionellen Shuttle-Diensten zu erhöhten Transitzeiten führen. So können beispielsweise Container im Fahrtgebiet Mittelmeer/USA im Rahmen bilateraler Containerdienste direkt und ohne Umweg über die nordwesteuropäischen Häfen (Hamburg-Le Havre Range) verschifft werden, so dass die Verlader die Möglichkeit haben, die kürzeste geographische Distanz zu wählen.[162]

- Den eingesetzten Schiffsgrößen von RTW-Diensten sind durch den Panamakanal Restriktionen gesetzt. Hieraus resultiert, dass Reedereien innerhalb ihrer RTW-Dienste nur Panamax-Schiffe einsetzen können, die im Vergleich zu den Post-Panamax-Schiffen entsprechende Nachteile bezüglich der Realisierung von Density- und Scale-Economies aufweisen.[163]

Bei Pendelverkehren (auch Figure-of-Eight oder Double Loop genannt) handelt es sich um die Verknüpfung von mindestens zwei Shuttle-Diensten, wobei ein Hafenanlauf im Zentrum des Pendels eingespart wird. Die Containerschiffe werden bei solchen Diensten in der Regel so eingesetzt, dass sie zwischen mehreren Fahrtgebieten und/oder Kontinenten hin- und herpendeln.[164]

Um die unpaarigen Ströme von Leer- und Vollcontainern auszugleichen, können z.B. unmittelbar benachbarte Regionen miteinander verknüpft wer-

---

161 Vgl. LIM (1996), S. 124.

162 Vgl. KIM (1987), S. 101 f.

163 Vgl. LIM (1996), S. 125.

164 Vgl. GARDINER (1997), S. 7.

den, woraus sich ein Dreiecksroutenkonzept (Triangular Pattern) ergibt. Als klassisches Beispiel kann hier die Kombination der Regionen Mittlerer Osten/Indischer Subkontinent angeführt werden. In Europa geladene Vollcontainer werden in den Golfstaaten gelöscht. Gleichzeitig werden Leercontainer dort geladen und weiter nach Indien und Pakistan transportiert, in denen ein starker Nachfrageüberschuss nach Exportboxen herrscht. Dies bedeutet, dass die Leercontainer mit dem Schiff nur eine relativ kurze Strecke gefahren werden müssen, woraus sich eine Reduzierung der unproduktiven Containerzeit sowie der Transportkosten ergibt.[165]

Als ausgedehntes Musterbeispiel eines interkontinentalen Pendelcontainerdienstes dient die Route USEC-Europa-Fernost-USWC-Fernost-Europa-USEC.[166] Diese Route erlaubt es den Reedereien sogar, beide Küstengebiete der Vereinigten Staaten abdecken zu können und via Landbrücken miteinander zu verbinden, so dass de facto ein RTW-Dienst angeboten werden kann.

In Tabelle 22 sind die Routing-Strategien der Reedereien im Nordatlantik- sowie im Europa-Fernost-Verkehr dargestellt. Es wird deutlich, dass auf dem Nordatlantik das Verhältnis Shuttle-Dienste zu Pendelverkehren 6 zu 8 beträgt, während dieser Quotient sich im Rahmen der Europa-Fernost-Route auf 6 zu 9 beläuft. Der an der absoluten Anzahl der Dienste gemessene relativ hohe Anteil von direkten Shuttle-Diensten ist eng an die vergleichsweise schwierigen geographischen und ökonomisch-technischen Verknüpfungsmöglichkeiten der Routen Europa-Mittelmeer sowie USEC-USWC gekoppelt. Hier treten für die Pendeldienste dieselben Probleme wie bei den RTW-Verkehren auf: Zum einen bedeutet ein Containertransport von USEC in den

---

165 Vgl. GARDINER (1997), S. 6.

166 Vgl. GARDINER (1997), S. 7.

Mittelmeerraum via einen nordwesteuropäischen Hafen einen erheblichen geographischen Umweg mit entsprechend verlängerter Transitzeit, zum anderen kann der Panamakanal mit den großen Post-Panamax-Schiffen nicht passiert werden.

Tabelle 22: Routing-Strategien von Reedereien im Nordatlantik- und Europa-Fernost-Verkehr

	Shuttle-Dienst	**RTW-Dienst**	**Pendulum-Dienst**
Europa-USEC			
VSA	X		
Hapag-Lloyd/NYK			X
Maersk			X
MSC	X		X
ACL	X		
Lykes/Deppe/APL/MOL	X		X
TMM/Hapag-Lloyd			X
United Alliance			X
Cosco/K-Line/Yangming	X		
Evergreen		X	
Independent	X		
Atlanticargo			X
Contship/CGM/Marfret		X	
Star Shipping			X
Gesamt	**6**	**2**	**8**
Europa-Fernost			
CMA CGM/NSCSA			X
CMA CGM/Norasia			X
Contship/CMA CGM/Marfret		X	
Contship		X	
Grand Alliance	X		X
K-Line/Yangming	X		X
Maersk Sealand	X		X
New World Alliance	X		X
China Shipping	X		
Cosco	X		
Evergreen/LT		X	
Hanjin/Senator/Cho Yang			X
MSC			X
UASC			X
Gesamt	**6**	**3**	**9**

Quelle: LSE (2000), Heft Oktober, S. 17; LSE (1999), Heft Oktober, S. 20; eigene Darstellung.

3.3.2 Vertikale Integration in den Terminalbetrieb

Im Zuge der Etablierung neuerer Ansätze verschiedener Routing-Strategien versuchen die Reedereien, in ausgeprägterem Maße mit den Terminalbetreibern bessere Konditionen bei der Abfertigung der Seeschiffe zu erreichen. Hierbei konzentrieren sich die Reedereien zunehmend auf eine bevorzugte Behandlung (Priority Berthing) ihrer eigenen Schiffe am Terminal. Mit Hilfe einer bevorzugten Abfertigung sollen kostenintensive Wartezeiten vermieden und zudem die Fahrplanpünktlichkeit verbessert werden. Eine bevorzugte Abfertigung ihrer Containerschiffe können die Reedereien einerseits durch direkte Vertragsverhandlung mit den Terminalbetreibern erreichen, andererseits aber auch mittels Betreibung des Containerumschlages in eigener Regie. Hierbei sind die Terminals entweder angemietet oder es werden Eigentumsrechte erworben. Bei beiden Formen handelt es sich dann um so genannte Dedicated Terminals.

In den Ausführungen im Abschnitt 3.2.2 wurde bereits herausgearbeitet, dass aufgrund der preislichen Fixierung der THC für die Reedereien ein Anreiz besteht, stärker in das Terminalgeschäft vorzudringen. Dies soll an einem weiteren Beispiel verdeutlicht werden: Im Jahre 1998 erzielte die Eurokai KGaA Erlöse aus dem Containerverkehr in Höhe von 181,2 Mio. DM.[167] Bei einem Containerumschlagvolumen von 711.051 Containern[168] für dasselbe Jahr errechnet sich somit ein Durchschnittserlös von DM 255,– je Container. Die festgelegten THC der beiden wichtigsten Konferenzen, nämlich der Far Eastern Freight Conference sowie dem Trans-Atlantic Conference Agreement, betrugen im Jahre 1998 DM 298,– respektive DM 333,– pro Contai-

---

167 Vgl. EUROKAI (1998), S. 15.

168 Vgl. EUROKAI (1998), S. 15.

ner,[169] woraus sich für die Reedereien eine theoretische Gewinnspanne von DM 43,– bzw. DM 78,– für jeden umgeschlagenen Container ergeben würde. Infolge der Marktmacht der Containerreedereien innerhalb des derzeit existierenden Konferenzsystems erfolgt über die THC ein Gewinntransfer von den Terminalbetreibern hin zu den Linienreedereien.

Im nachstehenden theoretischen Modell soll aufgezeigt werden, dass es für Containerreedereien durchaus profitabel sein kann, in den Terminalbetrieb vertikal zu integrieren. Das Modell geht auf die Vorarbeiten von BURSTEIN[170] zurück, der nachgewiesen hat, dass ein so genannter Input-Monopolist einen Anreiz hat, in die nachgelagerte Industrie einzudringen, wenn diese die Möglichkeit hat, den Monopol-Input in variablen Proportionen einzusetzen. Ein weiterer Aufsatz zu diesem Thema wurde im Jahre 1971 von VERNON und GRAHAM[171] veröffentlicht. Die Analyse in dieser Arbeit folgt den mathematisch formalen Ausführungen von BLAIR und KASERMAN.[172]

Infolge der beliebigen Austauschbarkeit der Häfen innerhalb der Hamburg-Le Havre-Range kann den großen global agierenden Reedereien quasi eine Monopolstellung bezüglich des Inputs für den Containerumschlag beigemessen werden. Als variabler Input sei hier die Anzahl der Schiffsanläufe definiert, da ohne Containerschiffe kein Containerumschlag am Terminal möglich wäre. Als zweiter Input sei im folgenden Modell die Umschlagleistung per se, welche ebenfalls in variablen Faktorproportionen durchgeführt werden kann, z.B. kann für das Be- und Entladen eines Schiffes eine verschiedene Anzahl von Containerbrücken benutzt werden.

---

169 Vgl. o.V. (1998a), S. 26.

170 Vgl. BURSTEIN (1960), S. 62 ff.

171 Vgl. VERNON / GRAHAM (1971), S. 924 f.

172 Vgl. BLAIR / KASERMAN (1983), S. 50-52.

Die Gewinnfunktion der noch nicht vertikal integrierenden Reederei kann nun wie folgt ausgedrückt werden:

$$\pi^R = p_1(x_1) \cdot x_1 - c_1 \cdot x_1 ,$$

wobei p_1, x_1 und c_1 Preis, Menge sowie durchschnittliche als auch marginale Produktionskosten des Monopolinputs darstellen.[173] Die Gewinnfunktion der Terminalbetreiber ist

$$\pi^T = P \cdot Q - p_1 \cdot x_1 - c_2 \cdot x_2 ,$$

wovon P und Q den Preis sowie den Output der umgeschlagenen Container bis zur Auslieferung am Gate repräsentieren. c_2 und x_2 stellen den Preis und die Menge des zweiten Inputs (Umschlag mittels Containerbrücken und Handling am Terminal) unter Wettbewerbsbedingungen dar.

Die ersten Ableitungen für die Ermittlung des Gewinnmaximums der Gewinnfunktion der Terminalbetreiber lauten:

$$\frac{\partial \pi^T}{\partial x_1} = P \cdot \frac{\partial Q}{\partial x_1} - p_1 = 0$$

und

$$\frac{\partial \pi^T}{\partial x_2} = P \cdot \frac{\partial Q}{\partial x_2} - c_2 = 0 .$$

Löst man die zweite Ableitung nach P auf und setzt man das Ergebnis in die erste Ableitung nach x_1 ein, so erhält man

---

173 p_1 muss in diesem Zusammenhang als Preiszugeständnis der Terminalbetreiber gegenüber dem Reeder gesehen werden, um diesen nicht an einen anderen Hafenstandort zu verlieren.

$$p_1 = c_2 \cdot \frac{\partial Q / \partial x_1}{\partial Q / \partial x_2}.$$

Setzt man dieses Resultat wiederum in die ursprüngliche π^R-Gleichung ein, so ergibt sich ein Ausdruck, der die Gewinne der Reederei im Zusammenhang mit einem Optimierungsverhalten (Gewinnmaximierung) der Terminalbetreiber berücksichtigt:

$$\pi^R = \left(\frac{c_2}{\partial Q / \partial x_2} \frac{\partial Q}{\partial x_1} \right) x_1 - c_1 \cdot x_1.$$

Integriert die Reederei nun in den Terminalbetrieb, so ist die Gewinnfunktion wie folgt:

$$\pi^I = P \cdot Q - c_1 \cdot x_1 - c_2 \cdot x_2.$$

Jetzt können die beiden Gewinnfunktionen π^R und π^I miteinander verglichen werden. Die Werte c_1 und x_1 eliminieren sich aus den eben genannten Gleichungen gegenseitig. Es gilt nun zu beweisen , dass $\pi^R < \pi^I$ oder

$$c_2 \cdot \frac{\partial Q / \partial x_1}{\partial Q / \partial x_2} \cdot x_1 < P \cdot Q - c_2 \cdot x_2$$

ist.

Mittels Addition von $c_2 x_2$ auf beiden Seiten der Ungleichung ergibt sich

$$c_2 \left(\frac{\partial Q / \partial x_1}{\partial Q / \partial x_2} \cdot x_1 + x_2 \right) < P \cdot Q$$

oder

$$c_2\left[\frac{(\partial Q/\partial x_1)\cdot x_1+(\partial Q/\partial x_2)\cdot x_2}{\partial Q/\partial x_2}\right] < P\cdot Q.$$

Gemäß dem EULER'schen Theorem ist der Zähler im obigen Ausdruck gleich Q. Aus diesem Grunde können wir die Ungleichung weiter wie folgt umformen:

$$\frac{c_2}{\partial Q/\partial x_2}\cdot Q < P\cdot Q$$

oder

$$\frac{c_2}{\partial Q/\partial x_2} < P.$$

Da die linke Seite der Ungleichung den Quotienten aus Grenzkosten und Grenzertrag widerspiegelt, können wir die oben stehende Ungleichung nun beweisen: Bei Vorliegen variabler Faktorpreise gilt grundsätzlich die Beziehung[174]

$$\text{Grenzerlös} = \frac{\text{Grenzkosten}}{\text{Grenzertrag}}.$$

Da es sich bei P um den Output-Preis handelt, der im COURNOT'schen Monopolmodell größer als der Grenzerlös ist, muss folglich auch der Quotient aus Grenzkosten und Grenzertrag geringer als der Output-Preis P sein, so dass nach der vertikalen Integration die Reederei ein höheres Gewinn-Niveau π^I aufweist als zuvor π^R.

---

174 Vgl. FEHL/OBERENDER (1994), S. 143.

Tabelle 23: Global operierende Reedereien mit eigenen oder angemieteten Terminals in den jeweiligen Haupthäfen der wichtigsten Fahrtgebiete

Reederei	Nordwesteuropa	USEC	Fernost	USWC
APL			Kobe Yokohama Kaohsiung	Los Angeles Seattle Oakland
Cosco			Kobe Shanghai	
Evergreen			Laem Chabang Kaohsiung Osaka	Los Angeles
Hanjin		New York	Pusan/ Kwangyang Osaka	Long Beach
HMM			Yokohama Tokio Pusan/ Kwangyang	
K-Line			Osaka Yokohama Kaohsiung	
Maersk/ Sea-Land	Bremerhaven Rotterdam	New York	Yokohama Yantian Laem Chabang Kobe Hong Kong Naha Kaohsiung	Long Beach Oakland
MOL			Osaka Yokohama	
NOL			Osaka Tokyo Yokohama	
NYK			Kaohsiung Yokohama	
P&O/Nedlloyd			Kobe	
Yangming				Los Angeles
Gesamtanzahl	**2**	**2**	**31**	**8**

Quelle: CARGO SYSTEMS (1998), S. 37 f.; eigene Darstellung.

Nach der Analyse der ökonomischen Anreize der Reedereien, zusätzlich das Terminalgeschäft zu betreiben, sind in Tabelle 23 führende global operierende Containerreedereien aufgeführt, die entweder Eigentümer von Terminals sind oder diese in den Hauptcontainerhäfen der wichtigsten Fahrtgebiete angemietet haben.

Die Tabelle 23 verdeutlicht, dass vor allem in den Fahrtgebieten Fernost sowie USWC die Containerreedereien eine Vielzahl von Dedicated Terminals erhalten haben. Im Fahrtgebiet Fernost ist jedoch festzustellen, dass von den 31 Dedicated Terminals allein deren 19 in Japan anzutreffen sind. Im Fahrtgebiet USEC hat ausschließlich New York zwei Dedicated Terminals aufzuweisen. In Nordwesteuropa ist lediglich die Reederei Maersk/Sea-Land an Terminals beteiligt, nämlich in Rotterdam und Bremerhaven.

Beim Dedicated Terminal in Bremerhaven handelt es sich um ein Joint Venture zwischen der Firma Eurogate sowie den erst kürzlich fusionierten Containerreedereien Maersk und Sea-Land. Die gemeinsam geschaffene Betreibergesellschaft, NTB North Sea Terminal Bremerhaven GmbH, an welcher Eurogate mit fünfzig und die beiden Reedereien vor ihrer Fusion mit jeweils fünfundzwanzig Prozent beteiligt waren, fertigt seit 1. April 1999 Containerschiffe am neu gebauten Containerterminal CT III in Bremerhaven ab. Das CT III weist eine Kajenlänge von 600 m, eine 300.000 m^2 große Fläche sowie eine geschätzte Gesamtkapazität von 500.000 TEU auf.[175] Das von NTB betriebene CT III ist nicht vom übrigen Gelände entlang der Stromkaje in Bremerhaven abgegrenzt. Laut Angaben der Kooperationspartner sollen auch andere Reedereien als Maersk und Sea-Land Zugang zum CT III haben.[176] Der für die Suprastruktur ermittelte Investitionsbedarf wird in den ersten fünf

175 Nach Fertigstellung des CT IIIa wird das Terminal eine Kapazität von 800.000 TEU haben.

Jahren etwa 110 Mio. DM betragen. In diesem Rahmen sind die Beschaffung von eigenen Van-Carriern, Containerstaplern und -brücken sowie die Errichtung von Betriebsgebäuden am Gate enthalten. NTB hat bereits vier neue Super-Post-Panamax-Brücken bestellt, deren Ausleger eine Reichweite von ca. 60 m haben werden und folglich Schiffe mit bis zu 22 Containerreihen bearbeiten können.[177]

3.3.3 Terminal-Lease-Strategien

Nachdem im vorherigen Abschnitt dargestellt wurde, dass für die Containerreedereien nachhaltige ökonomische Anreize bestehen, vertikal in den Terminalbetrieb zu integrieren, sollen nun Terminal-Lease-Strategien und ihre ökonomischen Implikationen analysiert werden. Das Leasing von Containerumschlaganlagen dominiert den vertikalen Integrationsprozess, da die Errichtung der Infrastruktur für die Reedereien häufig zu kapitalintensiv und mit erheblichen Risiken behaftet ist, so dass der Bau eigener Terminalinfrastruktur seitens der Reedereien bis dato weiterhin die Ausnahme bleibt.

Beim Terminal-Lease verpachtet die Hafenbehörde die bereits vorfinanzierte Terminalinfrastruktur an Dritte, welche zum einen spezialisierte Umschlaggesellschaften, zum anderen aber auch Containerreedereien sein können. Die notwendige Terminalsuprastruktur ist dabei in der Regel von den Pächtern zu finanzieren und zu errichten.

Die Hafenbehörden verpachten Containerterminals überwiegend, um langfristige Vertragsbeziehungen mit den Reedereien einzugehen. Langfristige Vertragsbeziehungen mit den Reedereien wurden aufgrund der kapitalintensiven

---

176 Vgl. DREWRY SHIPPING CONSULTANTS (1999), S. 113 f.; o.V. (1998b), S. 2.

177 o.V. (1999d), S. 6.

Eigenschaften des Containerverkehrs zunehmend notwendig, um einen stetigen Kapitalrückfluss auf die staatlich finanzierte Infrastruktur gewährleisten zu können. Des Weiteren hofft man, dass mittels Terminalverpachtung die Anzahl der umgeschlagenen Container zunimmt, da sich die Leasing-Raten bei den Containerreedereien als Fixkostenbestandteil niederschlagen, womit bei steigendem Containerumschlag ein Fixkostendegressionseffekt erzielt werden kann.

Terminal-Lease-Strategien können am besten nach der Form der Kompensationszahlungen klassifiziert werden, wobei drei Basistypen des Terminal-Lease unterschieden werden, nämlich Flat-Rate-Lease, Mini-max-Lease und Shared-Revenue-Lease.[178] Diese drei Strategien sollen anhand des Beispiels in Tabelle 24 beschrieben und analysiert werden.

Zahlt der Pächter an die Hafenbehörde für einen bestimmten Zeitraum einen vorher vereinbarten Pauschalbetrag, so handelt es sich um Flat-Rate-Lease. Er ist relativ einfach zu berechnen, da keine Tarifraten oder Güterklassen aufgestellt werden müssen. Die Kompensationszahlung richtet in sich diesem Falle an einer „fairen“ Verzinsung (Return-on-Investment) des Gesamtwertes der bereitgestellten Infrastruktur.[179]

Die Beispielrechnung in Tabelle 24 zeigt, dass zwischen der Reederei und der Hafenbehörde eine pauschale Kompensationszahlung von DM 80 Mio. p.a. vereinbart wurde. Liegt der Wert der Infrastruktur bei DM 1 Mrd. so erhält die Hafenbehörde eine Zinszahlung in Höhe von 8 % p.a., welche unabhängig von der absoluten Höhe des Containerdurchsatzes ist.

---

178 Vgl. DOWD (1984), S. 278.

179 Vgl. DOWD (1993), S. 15.

Tabelle 24: Terminal-Lease-Strategien und deren Kostenauswirkungen auf die Containerreedereien

	Flat-Rate-Lease		Mini-max-Lease		Shared-Revenue-Lease	
Umschlag in TEU	Kosten in Mio. DM	Kosten je TEU in DM	Kosten in Mio. DM	Kosten je TEU in DM	Kosten in Mio. DM	Kosten je TEU in DM
100.000	80	800,00	80	800,00	25,0	250,00
200.000	80	400,00	80	400,00	47,5	237,50
300.000	80	266,67	80	266,67	67,5	225,00
400.000	80	200,00	80	200,00	85,0	212,50
500.000	80	160,00	100	200,00	100,0	200,00
600.000	80	133,33	120	200,00	112,5	187,50
700.000	80	114,29	120	171,43	125,0	178,57
800.000	80	100,00	120	150,00	137,5	171,88
900.000	80	88,89	120	133,33	150,0	166,67
1.000.000	80	80,00	120	120,00	162,5	162,50

Quelle: Eigene Darstellung.

Flat-Rate-Lease stellt für den Reeder einen sehr großen Anreiz dar, den Terminal infolge von Fixkostendegressionseffekten zur Kapazitätsgrenze hin auszulasten. Bei voller Kapazitätsauslastung sinken die Kosten je abgefertigten TEU bis auf DM 80,–. Ist das Terminal lediglich zu 30 % ausgelastet, so errechnen sich Stückkosten von DM 266,67 pro TEU. Der Reeder trägt beim Flat-Rate-Lease vollständig das Auslastungsrisiko.

Mini-max-Lease ermöglicht Zahlungen der Reeder an die Hafenbehörde in Abhängigkeit vom tatsächlich erfolgten Containerdurchsatz. Hierbei wird zunächst eine Pauschalzahlung je umgeschlagenen Container vereinbart. Allerdings legen sich beide Vertragsparteien sowohl auf einen Minimumwert als auch auf einen Maximumwert fest.[180] So kann beispielsweise der Minimumwert bei einem Containerterminal mit einer Gesamtkapazität von 1 Mio. TEU bei 400.000 TEU und der Maximumwert bei 600.000 TEU liegen. Wurde eine Rate von DM 200,– je TEU ausgehandelt, so muss der Reeder an die Hafenbehörde mindestens DM 80 Mio., aber höchstens DM 120 Mio. an Kompensationszahlungen für den vorher spezifizierten Zeitraum leisten. Dies bedeutet, dass bei einer Terminalauslastung von 30 % dem Reeder Pachtkosten in Höhe von DM 266,67 je TEU anfallen, während bei Vollauslastung lediglich DM 120,– je TEU entstehen würden.

Beim Mini-max-Lease besteht für den Pächter die Möglichkeit, Fixkostendegressionseffekte zu erreichen, und somit auch ein ökonomischer Anreiz, zusätzliche Containerladung von anderen nahegelegenen Terminals abzuziehen und auf das gepachtete Terminal zu konzentrieren. Allerdings ist das Potenzial, Economies-of-Density zu realisieren, beim Mini-max-Lease geringer als beim Flat-Rate-Lease. Andererseits ist das Mini-max-Lease aber auch geeignet, die mit einem Rückgang des Umschlagvolumens einhergehenden Diseconomies-of-Density innerhalb der definierten Bandbreite (im Beispiel 400 bis 600 Tsd. TEU) aufzufangen.

Shared-Revenue-Lease bezieht sich wie Mini-max-Lease auf den Containerdurchsatz. Hierbei wird zunächst zwischen der Reederei und der Hafenbehörde eine Basisrate je TEU für die ersten 100.000 TEU vereinbart, die im obigen Tabellenbeispiel DM 250,– pro TEU beträgt. Hieraus folgt, dass für die ersten 100.000 TEU dem Reeder Gesamtkosten in Höhe von DM 25 Mio. anfallen. Für die folgenden 100.000 TEU ist dann eine Kompensationszah-

---

180 Vgl. DOWD (1993), S. 16.

lung in Höhe von 90 % der ursprünglichen Basisrate von DM 250,– zu leisten, wobei zu den bereits zu zahlenden DM 25 Mio. noch weitere DM 22,5 Mio. fällig werden. Die an die Hafenbehörde abzuführenden Kompensationszahlungen summieren sich daher auf insgesamt DM 47,5 Mio. Für die nächsten 100.000 abgefertigten TEU sind 80 % der Basisrate zu zahlen usw. Ab 500.000 umgeschlagenen TEU werden die nun erreichten 50 % der Basisrate nicht mehr reduziert, so dass für alle folgenden TEU DM 125,– als Kompensationszahlung an die Hafenbehörde ausreicht. Aus diesem Grunde steigen die Gesamtkosten für den Reeder bei jedem weiteren „100.000-TEU-Sprung" proportional um DM 12,5 Mio. an.

Mit Hilfe des Shared-Revenue-Lease wird das Auslastungsrisiko zwischen der Hafenbehörde sowie der Reederei geteilt. Tabelle 25 verdeutlicht, dass bei einem Auslastungsgrad von lediglich 10 % der Gesamtkapazität die Kosten je TEU beim Shared-Revenue-Lease lediglich DM 250,– betragen, im Gegensatz zu jeweils DM 800,– beim Flat-Rate-Lease bzw. Mini-max-Lease. Das geteilte Auslastungsrisiko erkauft sich die Reederei allerdings dadurch, dass bei einer relativ hohen Kapazitätsauslastung ab 700.000 TEU die Stückkosten beim Shared-Revenue-Lease degressiv schwächer fallen als bei den anderen Vertragsformen. Bei voller Kapazitätsauslastung fällt die Kompensationszahlung für die Nutzung der Terminalinfrastruktur im Rahmen von Shared-Revenue-Lease etwa mehr als doppelt so hoch aus wie beim Flat-Rate-Lease und sie liegt auch circa 35 % höher als beim Mini-max-Lease.

Allgemeine Regeln für die Bevorzugung einer Vertragsform lassen sich wie folgt formulieren:

- Die Reederei wird in einer Situation relativ hoher und stabiler Containerwachstumsraten Flat-Rate-Lease bevorzugen. Die Hafenbehörde hingegen möchte ebenfalls aus den hohen Wachstumsraten einen Nutzen ziehen und wird daher Shared-Revenue-Lease bevorzugen. Wie die vertragliche Ausgestaltung aus diesem Interessenkonflikt letztlich fixiert wird, hängt insbesondere von der Machtposition der einzelnen Parteien ab. In der Hamburg-Le Havre Range kann aufgrund des starken Wettbewerbs der Containerterminals angenommen werden, dass die Vertragsformen eher die Charakteristika eines Flat-Rate-Lease aufweisen werden.

- Ist von einem Auslastungsgrad auszugehen, der auf jeden Fall über dem Minimumwert des Mini-max-Lease liegt, dort aber innerhalb der definierten Bandbreite Schwankungen unterliegt, so wird der Reeder Mini-max-Lease bevorzugen, da aufgrund der konstanten Stückkosten innerhalb der Bandbreite eine verlässliche Kalkulationsbasis ermöglicht wird. Die Hafenbehörde wird bei einer solchen Konstellation ebenfalls den Mini-max-Lease bevorzugen, da dieser innerhalb der Schwankungsbreite im Durchschnitt mit großer Wahrscheinlichkeit die höchsten Kompensationserlöse verspricht.
- Shared-Revenue-Lease wird von beiden Vertragspartnern insbesondere dann präferiert, wenn das Containeraufkommen erheblichen Schwankungen unterliegt. In diesem Falle teilen sich der Reeder und die Hafenbehörde zum einen das Auslastungsrisiko, zum anderen aber auch die Erlöschancen in Zeiten eines relativ hohen Auslastungsgrades.

In der gegenwärtigen Situation mit relativ hohen und stabilen Wachstumsraten auf den Hauptrouten der Container-Linienschifffahrt, nämlich den Ost-West-Routen, kann man davon ausgehen, dass Flat-Rate-Lease insbesondere in den amerikanischen sowie europäischen Häfen dominiert, da diese Fahrtgebiete durch eine starke Hafen- und Containerterminalkonkurrenz gekennzeichnet sind. In Fernost sind diese Konkurrenzbeziehungen nicht so eindeutig zu erkennen. Allerdings werden bei jeglicher Art von Terminal-Lease die Vertragseinzelheiten für die Öffentlichkeit nicht explizit dargelegt, so dass es sich hier nach Abwägung der qualitativen Argumente lediglich um

Vermutungen handeln kann, welche Vertragsformen in den einzelnen Fahrtgebieten dominieren.

4 WETTBEWERBSSTRUKTUREN IN DER WELTCONTAINERSCHIFFFAHRT

Nachdem im vorangehenden Kapitel 3 die strategischen Verhaltensweisen der Linienreedereien untersucht wurden, soll nun die Wettbewerbssituation auf den Containermärkten eingehender analysiert werden. Hierzu wird zunächst dargestellt, innerhalb welcher relevanter wettbewerbsgesetzlicher und -politischer Rahmenbedingungen die Containerreedereien operieren. Anschließend sollen die wesentlichen theoretischen Oligopolmodelle für die Containerschifffahrt identifiziert und beschrieben werden. Im letzten Abschnitt dieses Kapitels wird von der theoretischen Ebene der Oligopolmodelle abstrahiert, wobei die Frage geklärt werden soll, wie sich die Container-Linienreedereien unter Berücksichtigung der zum Teil veränderten wettbewerbspolitischen Rahmenbedingungen tatsächlich verhalten haben sowie welche Marktergebnisse empirisch zu beobachten sind.

4.1 Wettbewerbspolitische Rahmenbedingungen

Ziel der folgenden Abschnitte ist es, die EU-Verordnungen 4056/86 sowie 870/95 bezüglich der Gruppenfreistellung von Konferenzen und Konsortien insbesondere im Zusammenhang mit der Auseinandersetzung Europäische Kommission versus Trans-Atlantic Conference Agreement (TACA) bzw. ihrer Vorgängerkonferenz, dem Trans-Atlantic Aggreement (TAA), darzustellen. Zudem werden der US-Shipping Act von 1984 sowie der Ocean Shipping Reform Act von 1998 gegenübergestellt und die wichtigsten wettbewerbsrechtlichen Neuerungen aufgezeigt.

Die europäische Wettbewerbspolitik stützt sich insbesondere auf zwei Rechtsquellen, nämlich die Artikel 81 (ex-Artikel 85)[181] und Artikel 82 (ex-Artikel 86) des EG-Vertrages. Artikel 81 Absatz 1 des EG-Vertrags verbietet wettbewerbsbehindernde Vereinbarungen, Beschlüsse oder aufeinander abgestimmte Verhaltensweisen, wobei dieses Verbot auch allgemein als Kartellverbot bezeichnet wird.

Ausnahmen vom grundsätzlichen Kartellverbot können dann gemacht werden, wenn gemäß Artikel 81 Absatz 3 EG-Vertrag die Vereinbarungen, Beschlüsse oder abgestimmten Verhaltensweisen „ ... unter angemessener Beteiligung der Verbraucher an dem entstehenden Gewinn zur Verbesserung der Warenerzeugung oder -verteilung oder zur Förderung des technischen oder wirtschaftlichen Fortschritts beitragen ... ." Eine Freistellung von diesem Verbot setzt die Anmeldung entsprechender Verträge bei der EU-Kommission voraus. Im Rahmen solcher Freistellungen sind nicht nur Einzelfreistellungen, sondern auch Gruppenfreistellungen möglich, bei denen die Kommission bestimmte Vertragstypen von Artikel 81 Absatz 1 freistellt.[182]

Das amerikanische Antitrust-Recht beinhaltet so genannte wettbewerbspolitische Ausnahmebereiche. Solche vom Antitrust-Recht ausgenommenen Wirtschaftszweige werden von unabhängigen Regulatory Commissions kontrolliert, welche auch das Recht haben, Vorschriften und Regeln zu erlassen.[183] Im Seeverkehr wurde bereits mit dem US-Shipping Act von 1916 die Freistellungsmöglichkeit für Konferenzabsprachen mit einer Genehmigungspflicht für Tarife und Konditionen eingeführt. Der US-Shipping Act wurde 1984 sowie 1998 novelliert und firmiert heutzutage unter dem Namen „Ocean Shipping

---

181 Im Rahmen des Vertrages von Amsterdam wurden im EG-Vertrag diverse Artikel umnummeriert.

182 Vgl. ABERLE (1992), S. 124.

183 Vgl. ABERLE (1992), S. 152.

Reform Act of 1998". Als Regulierungsbehörde fungiert weiterhin die Federal Maritime Commission (FMC).

4.1.1 Kartellrechtliche Gruppenfreistellung für Linienkonferenzen

Durch die Verordnung (EWG) Nr. 4056/86 erhielten Linienkonferenzen eine Gruppenfreistellung vom grundsätzlichen Kartellverbot, indem die Einzelheiten der Anwendung der Artikel 81 (ex-Artikel 85) und Artikel 82 (ex-Artikel 86) des EG-Vertrags auf den Seeverkehr näher geregelt wurden. In Artikel 3 der Verordnung werden „ ... Vereinbarungen, Beschlüsse oder aufeinander abgestimmten Verhaltensweisen zwischen allen oder einzelnen Mitgliedern einer oder mehrerer Linienkonferenzen freigestellt, durch die die Beförderungspreise und -bedingungen festgelegt ... werden sollen."[184] In Artikel 6 der Verordnung werden Absprachen von Verkehrsunternehmen über die Linienschifffahrt und Absprachen zwischen Verkehrsnutzern und Konferenzen über Linienschifffahrt freigestellt. Des Weiteren regelt die Verordnung die Auflagen in Verbindung mit der Freistellung, die Kontrolle der freigestellten Absprachen sowie Verfahrensregeln bei Verfahren auf Beschwerde oder von Amts wegen.[185]

Die kartellrechtlichen Ausnahmeregelungen auf den Seeverkehrsmärkten unterliegen in zunehmendem Maße einer kritischen Betrachtung. In Europa fordert der European Shippers' Council (ESC) die Abschaffung der Verordnung 4056/86, da durch die Konzentrationstendenz auf den Linien-Schifffahrtsmärkten der rechtliche Beurteilungsrahmen für den Wettbewerb veraltet sei.

---

[184] Amtsblatt der Europäischen Gemeinschaften Nr. L 378 vom 31.12.86, S. 6.

[185] Vgl. Amtsblatt der Europäischen Gemeinschaften Nr. L 378 vom 31.12.86, S. 6-13.

Auch die EU-Kommission sieht mögliche Wettbewerbsbeschränkungen durch Konferenzen zunehmend problematischer. Die Vorgehensweise der Europäischen Kommission gegen die Linienkonferenzen kann anschaulich anhand der immer noch aktuellen Auseinandersetzung zwischen der Kommission sowie dem Trans-Atlantic Conference Agreement (TACA) veranschaulicht und beschrieben werden. Die Vorgängerkonferenz des TACA, das Trans-Atlantic Agreement (TAA), wurde Anfang der neunziger Jahre gegründet. Diese Konferenzvereinbarung war u.a. durch die drei folgenden Merkmale gekennzeichnet. Bei der TAA-Konferenz handelte es sich nämlich um[186]

- ein Zwei-Klassen-Mitglieder-System.
- ein Kapazitäten-Management-System auf der Westbound-Route.
- Vereinbarungen über gemeinsame Preisfixierung intermodaler Verkehre, wobei diese Ratenfestsetzung auch auf inländische Transporte ausgedehnt wurde.

Das TAA hatte zwei Klassen von Mitgliedern. Eine Mitgliedsklasse bildeten die früheren Konferenzreedereien; die zweite Klasse setzte sich aus ehemaligen Außenseitern zusammen, welche sich dem TAA neu angeschlossen hatten. Das Zwei-Klassen-System war für das TAA der einzige Weg, die Außenseiter zu überzeugen, gemeinsamen Ratenvereinbarungen beizutreten, wobei eine gewisse Flexibilität bezüglich der Ratenfestsetzung beibehalten wurde. Zudem hatte man den hinzugewonnenen Außenseitern zugestanden, dass diverse bereits abgeschlossene Verträge mit Verladern und insbesondere Spediteuren und NVOCC nicht durch die Konferenzvereinbarungen angetastet werden sollten.[187]

---

[186] CI (1994), Heft Mai, S. 7.

[187] Vgl. CANNA (1994), S. 27.

Das Zwei-Klassen-System manifestierte sich ebenfalls in der Möglichkeit, vertrauliche Kontrakte (Service-Contracts) mit den Verladern auszuhandeln. Hierbei war es jedem Reeder innerhalb des TAA zwar möglich, vertrauliche Kontrakte mit den Verladern abzuschließen, es musste jedoch eine Einwilligung der acht Mitglieder des so genannten Kontraktkomitees vorliegen. Keine ehemalige Außenseiter-Reederei war jedoch Mitglied des Kontraktkomitees, so dass es hier bei Interessenkonflikten zwischen etablierten und neu eingetretenen Konferenzmitgliedern zu einer Ablehnung der vertraulichen Kontrakte seitens der Etablierten kommen konnte.[188]

Das Kapazitäten-Management-System auf der Westbound-Route wurde vom TAA errichtet, um die sehr großen Überkapazitäten auf der Nordatlantik-Route zu reduzieren. So wurden die Überkapazitäten Anfang der neunziger Jahre mit 140 % im Verhältnis zur Nachfrage geschätzt.[189] Das auf der Westbound-Route eingeführte Management-Programm sah vor, 75 % der überschüssigen Kapazitäten zu deckeln und nicht mehr am Markt anzubieten. Hierdurch reduzierte sich das Überkapazitätenproblem auf etwa 35 % im Verhältnis zur Nachfrage. Die weiterhin angebotenen Kapazitäten wurden systematisch unter den Mitgliedsreedereien des TAA verteilt.[190]

Das TAA wurde zwar von der US-Federal Maritime Commission gebilligt, aber nicht von der EU-Kommission als rechtmäßig anerkannt. Im Jahre 1994 wurde das TAA von der Kommission verboten, da es nicht unter die Verordnung 4056/86 falle. Als Hauptgründe hierfür wurden von der EU die Argumente angeführt, dass es sich eben um ein Zwei-Klassen-Mitglieder-System sowie ein strenges Kapazitäten-Management-System handele. Als Reaktion

---

188 Vgl. CANNA (1994), S. 27.

189 Vgl. MOBLEY (1993), S. 14.

190 Vgl. CANNA (1994), S. 27.

auf diese Entscheidung wurde das TACA als Nachfolgekonferenz des TAA gegründet. Dabei wurde das System der Zwei-Klassen-Mitgliedschaft vollständig aufgegeben und das Kapazitäten-Management weit weniger stringent gehandhabt, obwohl es nun auch auf der Eastbound-Route eingeführt wurde.[191] Die Preisfixierung inländischer intermodaler Verkehre seitens des TACA wird weiterhin von der Kommission in Frage gestellt. Bislang gibt es aber innerhalb der EU noch keine ausreichenden gesetzlichen Grundlagen bezüglich intermodaler Preisfixierung, während der US-Shipping Act dieses ausdrücklich erlaubt.

Im Rahmen der Aufhebung der Zwei-Klassen-Mitgliedschaft wurde auch das Verfahren für die Tolerierung von vertraulichen Kontrakten neu geregelt. Service-Contracts können weiterhin unabhängig zwischen einer beliebigen Reederei und einem Verlader ausgehandelt werden. Eine Billigung seitens der TACA-Konferenz kann nun mittels einfacher Mehrheit abzüglich zwei Stimmen erfolgen. Hat das TACA beispielsweise 14 Mitglieder, so werden 7 Mitglieder als Mehrheit gewertet, woraus sich abzüglich zwei Stimmen die Stimmenanzahl fünf ergibt, welche man benötigt, damit ein Service-Contract von der Konferenz nunmehr akzeptiert wird.[192]

Als entscheidendes Kriterium einer Konferenz zielt die Verordnung (EWG) 4056/86 insbesondere auf die gemeinsame Ratenfixierung der Mitgliedsreedereien. Werden hingegen Kapazitätsabsprachen hinsichtlich der Nichtnutzung vorhandener Kapazitäten vorgenommen, so kommt die oben genannte Verordnung nicht zur Anwendung, und folglich wird auch eine Gruppenfreistellung nicht gewährt werden.

---

191 Vgl. VEENSTRA (1999), S. 74.

192 Vgl. CANNA (1994), S. 27.

Die Kapazitätsregelungen der Verordnung 4056/86 werden im folgenden Abschnitt in Verbindung mit den Regelungen der Verordnung 870/95 im Hinblick auf Konsortien eingehender behandelt. Zudem ist bezüglich der Gruppenfreistellung für Konsortien nun genauer die Frage zu untersuchen, inwiefern Konsortien ein aktives Kapazitätsmanagement betreiben dürfen, da hierdurch die Verordnung (EWG) 4056/86 im Nachhinein unterminiert werden könnte. So wäre es beispielsweise möglich, dass eine Konferenz mit dem Recht gemeinsamer Ratenabsprachen sich aus mehreren Konsortien zusammensetzt, die wiederum Kapazitätsvereinbarungen ohne Sanktionen durchführen können.

4.1.2 Kartellrechtliche Gruppenfreistellung für Konsortien

Nach der Freistellung der Konferenzen erhielten im Jahr 1995 auch die Konsortien eine Gruppenfreistellung, geregelt durch die Verordnung (EG) 870/95. Die Verordnung (EG) Nr. 870/95 der EU-Kommission definiert ein Schifffahrtskonsortium als „ ... eine Vereinbarung zwischen mindestens zwei Seeschiffahrtsunternehmen, die internationale Liniendienste zur ausschließlichen Beförderung von Gütern überwiegend mit Containern in einem bestimmten Verkehrsgebiet wahrnehmen, deren Ziel die Zusammenarbeit bei der gemeinsamen Wahrnehmung eines Seeverkehrsdienstes zur Verbesserung des Leistungsangebotes der einzelnen Mitglieder ist, um mit Hilfe technischer, betrieblicher und/oder kommerzieller Vorkehrungen, ausgenommen die Preisfestsetzung, ihre Beförderungsleistung zu rationalisieren."[193]

---

[193] Amtsblatt der Europäischen Gemeinschaften Nr. L 89 vom 21.04.1995, S. 10.

Artikel 3 Absatz 2 zählt insgesamt sieben Gruppen von Aktivitäten auf, die grundsätzlich freigestellt sind. Bei den freigestellten Aktivitäten handelt es sich um:[194]

- gemeinsame Wahrnehmung von Liniendiensten im Seeverkehr;
- befristete Kapazitätsanpassungen;
- gemeinsamer Betrieb oder gemeinsame Nutzung von Hafenumschlaganlagen;
- Teilnahme an Pools;
- gemeinsame Ausübung der Stimmrechte in einer Konferenz;
- gemeinsamer Vertrieb;
- jede sonstige Tätigkeit, die für deren Ausführung erforderlich ist.

Ausgenommen von der Freistellung sind hingegen Preisabsprachen, welche aber von der Verordnung 4056/86 gedeckt sind. Zudem muss, um in den Genuss einer Freistellung zu gelangen, „der Anteil eines Konsortiums im Direktverkehr zwischen den Häfen seines Verkehrsgebietes weniger als 30 % der beförderten Gütermenge (Frachttonnen oder TEU) betragen, wenn es an einer Konferenz beteiligt ist, und weniger als 35 %, wenn es außerhalb einer Konferenz tätig ist."[195] Die Verordnung galt zunächst für die Dauer von fünf Jahren ab dem Zeitpunkt ihres Inkrafttretens bis zum 21.04.2000. In Zukunft wird eine neue EU-Verordnung die Freistellung von Konsortien vom Kartellverbot regeln. Eine entsprechende Verordnung Nr. 823/2000 wurde von der Kommission im Amtsblatt (L 100) veröffentlicht. Die Regelungen der neuen

---

194 Vgl. Amtsblatt der Europäischen Gemeinschaften Nr. L 89 vom 21.04.1995, S. 10 f. sowie TOSTMANN (1995), S. 267 f.

195 Amtsblatt der Europäischen Gemeinschaften Nr. L 89 vom 21.04.1995, S. 11.

Verordnung decken sich fast vollständig mit denen der Verordnung 870/95 und werden Gültigkeit bis zum 25.04.2005 haben.[196]

Eines der Oberziele von Schifffahrtskonsortien ist die effiziente Nutzung der eingesetzten Kapazitäten. Die Verordnung 870/95 berücksichtigt aus diesem Grunde auch Kapazitätsanpassungen und stellt diese unter bestimmten Voraussetzungen frei. Um die Regelungen bezüglich Kapazitätsanpassungen in der Verordnung 870/95 sowie deren Verhältnisse zur Freistellung von Kapazitätsabsprachen im Rahmen des Artikels 3 Buchstabe d) der Verordnung 4056/86 zu verdeutlichen, sind die bereits erläuterten Entscheidungen und Maßnahmen der Kommission im Hinblick auf die Auseinandersetzung mit dem TAA im Jahre 1994 zu berücksichtigen.[197]

Artikel 3 Absatz 2 Buchstabe b) der Verordnung 870/95 erlaubt es den Konsortien ausdrücklich, befristete Kapazitätsanpassungen durchzuführen. Dies ist insofern konsequent, als dass in Erwägungsgrund 7 der Verordnung im Rahmen der Einrichtung und dem Betrieb eines gemeinsamen Dienstes Kapazitätsanpassungen als ein für die Vorgehensweise der Konsortien wesentliches Merkmal anerkannt werden.[198]

Artikel 4 der Verordnung 870/95 verdeutlicht, dass die Freistellung nach Artikel 3 nicht gilt, wenn ein Konsortium eine Nichtnutzung vorhandener Kapazitäten anstrebt, wie es beispielsweise beim TAA bis zum Jahre 1994 der Fall war. Insofern kann die Verordnung 870/95 auch als eine weitere Reaktion der Kommission auf die bereits genannte Auseinandersetzung mit dem TAA gewertet werden. Ziel von Absprachen über die Nichtnutzung von vorhandenen Kapazitäten ist es, Preise zu beeinflussen und nicht die Liniendienste zu ra-

---

196 Vgl. Amtsblatt der Europäischen Gemeinschaften Nr. L 100 vom 20.04.00, S. 24-30.

197 Vgl. TOSTMANN (1995), S. 274 f.

198 Vgl. Amtsblatt der Europäischen Gemeinschaften Nr. L 89 vom 21.04.1995, S. 7.

tionalisieren. Kapazitätsabsprachen innerhalb des Artikel 3 Absatz 2 Buchstabe b) der Verordnung 870/95 legalisiert daher nur solche Absprachen, die die tatsächlich eingesetzten Kapazitäten verändern.[199]

Die Kapazitätsregelungen der Verordnung 870/95 stimmen in ihrem Wortlaut nicht mit Artikel 3 Buchstabe d) der Verordnung 4056/86 überein, welcher etwaige Kapazitätsregelungen in Konferenzen freistellt. In Artikel 3 Buchstabe d) der Verordnung 4056/86 heißt es, dass Vereinbarungen in Linienkonferenzen freigestellt sind, sofern mit ihnen gegebenenfalls auch folgendes Ziel verfolgt wird, nämlich die „Regulierung der von den einzelnen Mitgliedern angebotenen Transportkapazität ..."[200]

In diesem Sinne wären alle Kapazitätsabsprachen in Konferenzen, auch die Nichtnutzung tatsächlich vorhandener Kapazität, freigestellt. Somit würden die Regelungen für Konsortien zu einem Wertungswiderspruch führen, da Konferenzen als Preiskartelle weitreichendere Wettbewerbsbeschränkungen vornehmen könnten als Konsortien mit dem Ziel der Rationalisierung.[201]

Die Europäische Kommission hat bezüglich der TAA-Entscheidung festgestellt, dass der Wortlaut des Artikel 3 Buchstabe d) der Verordnung 4056/86 zu weitläufig gefasst wurde. Dieser Artikel erlaubt es den Konferenzen ebenfalls nur, solche Kapazitätsanpassungen vorzunehmen, die der Effizienz der Liniendienste dienen. Folglich sind Vereinbarungen über die Nichtnutzung vorhandener Kapazitäten auch in der Verordnung 4056/86 nicht erlaubt,

---

199 Vgl. TOSTMANN (1995), S. 275 f.

200 Amtsblatt der Europäischen Gemeinschaften Nr. L 378 vom 31.12.1986, S. 6.

201 Vgl. TOSTMANN (1995), S. 278.

womit diese Interpretation mit der Wertung der Kapazitätsregelungen der Verordnung 870/95 übereinstimmt.[202]

4.1.3 Kartellrechtliche Freistellungen nach dem US-Shipping Act

Am 1. Mai 1999 trat der so genannte Ocean Shipping Reform Act von 1998 (OSRA) in Kraft. Der OSRA stellt eine Weiterentwicklung des Shipping Act von 1984 dar, wobei diverse Modifikationen vorgenommen wurden, ohne jedoch den 84er Shipping Act substanziell zu verändern. Aus diesem Grunde sollen zunächst die wesentlichen wettbewerbsrechtlichen Leitlinien des Shipping Act von 1984 resümiert werden. Anschließend werden die entscheidenden Veränderungen im Rahmen der neuen US-Schifffahrts-gesetzgebung sowie deren mögliche ökonomische Auswirkungen diskutiert.

Der Shipping Act von 1984 bekannte sich ausdrücklich zur Antitrust-Immunität der Linienkonferenzen und berücksichtigte somit die Gepflogenheiten der internationalen Containerreedereien. Ziel des Gesetzgebers war es einerseits, den Reedereien einen wettbewerbsrechtlichen Hintergrund zu geben, in welchem wohlfahrtssteigernde Vereinbarungen zur Rationalisierung möglichst geringen staatlichen Interventionen ausgesetzt werden. Andererseits war man sich bei der Gesetzgebung auch über die wettbewerbsbeschränkenden Auswirkungen solcher Absprachen bewusst. Mit Hilfe der Implementierung von strukturell wettbewerbsfördernden Vorschriften sollte daher der Gegensatz zwischen Wettbewerbsbeschränkung und Wettbewerbsfreiheit ausbalanciert werden. Dies sollte insbesondere durch folgende Vorschriften des Shipping Act von 1984 erreicht werden, nämlich: offene

---

[202] Vgl. TOSTMANN (1995), S. 278.

Konferenzen, Independent Action, Service-Contracts sowie Zulassung von Verladerkomitees.[203]

Das Gebot zur Errichtung offener Konferenzen manifestiert sich in Section 5(b)(2) des Shipping Act von 1984, wobei hier ein Gegensatz zur Praxis auf diversen anderen Fahrtgebieten der Containerschifffahrt besteht, in denen auch eine Vielzahl von geschlossenen Konferenzen anzutreffen sind. Section 5(b)(3) des Gesetzes verdeutlicht zudem, dass jede aufgenommene Konferenzreederei auch das Recht besitzt, die Konferenz ohne Sanktionen zu verlassen.[204] Indem der Shipping Act ausschließlich offene Konferenzen toleriert, sollen Marktzu- und -austrittsbarrieren gesenkt werden, wobei eine nachhaltige Instabilität der Konferenzen mit entsprechenden positiven Auswirkungen auf den Wettbewerb herbeigeführt wird.[205]

In Section 5(b)(8) wurde das Recht der Independent Action neu verankert. Unter der Independent Action ist es jedem Konferenzmitglied grundsätzlich erlaubt, unabhängig von den Konferenzraten unter Einhaltung einer Ankündigungsfrist von 10 Tagen eigene Tarife und Beförderungsbedingungen zu veröffentlichen und anzuwenden.[206] Hierbei dürfen die Konferenzen dieses Recht auf Independent Action in keinster Weise einschränken. Die Aufnahme des Rechts auf Independent Action in den Shipping Act von 1984 zielt wie das Gebot der offenen Konferenz darauf ab, dass die Konferenzen die Verhaltensweisen ihrer Mitglieder nicht vollständig kontrollieren können.[207]

---

[203] Vgl. TOSTMANN (1997), S. 82.

[204] Vgl. Shipping Act von 1984, Section 5(b)(2) und 5(b)(3) und TOSTMANN (1997), S. 82.

[205] Vgl. TOSTMANN (1997), S. 82 und Abschnitt 3.1.1 dieser Arbeit.

[206] Vgl. Shipping Act von 1984, Section 5(b)(8).

[207] Vgl. TOSTMANN (1997), S. 83.

Der Shipping Act von 1984 ermöglichte es den Reedereien auch, Verlader mittels so genannter Service-Contracts für eine gewisse Zeit an sich zu binden. Gemäß Section 3(21) des Gesetzes ist der Verlader dazu verpflichtet, in einer definierten Periode ein festgesetztes Ladungsvolumen zu verschiffen. Hierfür kann die Reederei im Gegenzug günstigere Frachtraten gewähren.[208] Im Falle eines Service-Contract kann die betroffene Reederei die Frachtraten unabhängig von den Konferenztarifen verhandeln. Die ausgehandelten Service-Contracts sind jedoch bei der Federal Maritime Commission (FMC) zu hinterlegen, die diese zwar vertraulich behandelt, aber deren wesentlicher Inhalt Verladern, die sich in einer ähnlichen Situation befinden, zugänglich gemacht werden muss.[209] Des Weiteren ist zu berücksichtigen, dass Service-Contracts nicht unter die Independent-Action-Regelung des Shipping Acts fallen. Aus diesem Grunde können die Konferenzen ihren Mitgliedern das Aushandeln von Service-Contracts untersagen.[210]

Durch Ermöglichung von Service-Contracts erhalten insbesondere Großverlader einen stärkeren Verhandlungsspielraum gegenüber den Konferenzen. In Section 3(24) des Shipping Act von 1984 werden Verladerkomitees (Shippers' Associations) durch den Gesetzgeber explizit anerkannt.[211] Mit Hilfe von Section 10(b)(13) soll aber auch die Marktmacht insbesondere kleinerer und mittlerer Verlader gegenüber den Konferenzen gestärkt werden. Section 10(b)(13) des Shipping Act von 1984 verbietet es den Konferenzen nämlich, Verhandlungen mit den Verladerverbänden abzulehnen.[212] Allerdings sind die Verladerverbände grundsätzlich nicht von den allgemeinen Kartellgesetzen

---

208 Vgl. Shipping Act von 1984, Section 3(21).

209 Vgl. Shipping Act von 1984, Section 8(c).

210 Vgl. TOSTMANN (1997), S. 83.

211 Vgl. Shipping Act von 1984, Section 3(24).

212 Vgl. Shipping Act von 1984, Section 10(b)(13).

freigestellt. Bleiben die getroffenen Abmachungen zwischen Verladerkomitees und Konferenzen aber innerhalb des Shipping Act von 1984, so können sich beide Parteien auf die Freistellung nach diesem Gesetz berufen.[213]

Die unter dem Namen „The Shipping Act of 1984 as Modified by the Ocean Shipping Reform Act of 1998"[214] vorgelegte Neufassung der US-Schifffahrtsgesetzgebung zielte auf eine weitere Deregulierung der US-Seeschifffahrt ab. Nachstehend sind hier die wichtigsten Neuerungen des OSRA gegenüber dem Shipping Act von 1984 aufgeführt:[215]

- Die Antitrust-Immunität der Konferenzen bleibt erhalten.[216]
- Die einzelnen Mitglieder von Konferenzen haben weiterhin das Recht zur Independent Action. Allerdings ist die Ankündigungsfrist gegenüber den anderen Mitgliedern von 10 auf 5 Tage reduziert worden.[217]
- Service-Contracts müssen auch künftig bei der FMC registriert werden. Neu ist dabei, dass Angaben über Namen des Kunden, Ursprungs- und Bestimmungsort im Binnenland, Frachtraten, Service-Verpflichtungen und Fehlfrachten bei Nichterfüllung der Kontrakte vertraulich behandelt werden können. Transportierte Güterart, Volumen, Range der Ursprungs- und Bestimmungshäfen sowie die Kontraktdauer sind aber dennoch anderen Reedereien zugänglich.[218] Die so genannten Non-Vessel-Operating-Com-

---

213 Vgl. TOSTMANN (1997), S. 84.

214 im Folgenden als „OSRA von 1998" zitiert.

215 Zu den wesentlichsten Neuerungen des OSRA von 1998 gegenüber dem Shipping Act von 1984 vgl. BONNEY (1998), S. 10; DAVISON (1999), S. 61; RATHJEN (1999), S. 4-5; O.V. (1999e), S. 1.

216 Vgl. OSRA von 1998, Section 7(a).

217 Vgl. OSRA von 1998, Section 5(b)(8).

218 Vgl. OSRA von 1998, Section 8(c)(2) und (3).

mon-Carrier (NVOCC)[219] dürfen den Verladern keine Service-Contracts anbieten, können aber welche mit den Reedereien aushandeln.[220]

- Einzelne und Gruppen von Linienreedereien sowie NVOCC und Spediteure sind dazu verpflichtet, ein automatisiertes Tarifsystem anzubieten, mit dem sich sowohl jeder Interessent als auch die FMC über sämtliche Raten, Zuschläge und sonstige Tarifbedingungen informieren kann.[221] Reeder und Verlader müssen sich an diese im Internet oder anderen elektronischen Medien veröffentlichten Tarife halten, solange kein Service-Contract oder eine Independent Action vorliegt.[222] Bei Nichteinhaltung der publizierten Tarife kann die FMC Strafen verhängen.
- Konferenzen und andere Reedereigruppen einschließlich Konsortien dürfen ihren Mitgliedern das Aushandeln von Service-Contracts nicht verbieten. Des Weiteren können auch keine verbindlichen Vorgaben über die Ausgestaltung individueller Service-Contracts vereinbart werden. Nur freiwillige Richtlinien bleiben hier gesetzeskonform, welche allerdings bei der FMC zu registrieren sind und vertraulich bleiben.[223]
- Die so genannte „Me-too"-Regelung ist außer Kraft gesetzt worden. Diese Regelung hatte es einem Verlader erlaubt, unter gleichen Voraussetzungen ebenso behandelt zu werden wie ein Wettbewerber, der bereits einen Service-Contract gezeichnet hatte.[224]

---

219 Bei NVOCC handelt es sich um Carrier, die Seetransporte anbieten, ohne jedoch über eigene Seeschiffe zu verfügen.

220 Vgl. OSRA von 1998, Section 8(c)(1) in Verbindung mit Section 3(16).

221 Vgl. OSRA von 1998, Section 8(a) in Verbindung mit Section 3(6).

222 Vgl. OSRA von 1998, Section 10(b)(2)(A).

223 Vgl. OSRA von 1998, Section 4(a)(7) und 5(c).

224 Vgl. BONNEY (1998), S. 10.

- Vereinbarungen zwischen Reedereien und Terminalbetreibern sind bei der FMC zu registrieren.[225]
- Die Regelung, dass bestimmte Güterarten und -gruppen von der Tarifveröffentlichungspflicht ausgenommen sind, wird beibehalten. Zusätzlich wurden neue Kfz in die Liste der Ausnahmegüter aufgenommen.[226]
- Den Reedern ist es erlaubt, im amerikanischen Binnenland gemeinsam Frachtraten und sonstige Service-Bedingungen mit Inland-Carriern auszuhandeln, solange dabei nicht gegen gültige Antitrust-Gesetze verstoßen wird. Zudem können die Reedereien gemeinsame Tarife für die Inlandstransporte festsetzen.[227] Mit dieser Regelung „bekräftigt der amerikanische Gesetzgeber die Akzeptanz der gemeinsamen Preisbildung im multimodalen Verkehr und steht damit im deutlichen Gegensatz zur Auffassung der Europäischen Kommission."[228]
- Die NVOCC werden ebenso wie die Spediteure Ocean Transportation Intermediaries (OTI) genannt und müssen für ihre Zulassung eine Lizenz erwerben.[229]

Da der OSRA erst am 1. Mai 1999 in Kraft getreten ist, konnten bis dato noch keine ökonomischen Auswirkungen im Detail erarbeitet werden. Aus diesem Grunde spiegeln die folgenden Argumente bezüglich der wettbewerblichen Konsequenzen insbesondere die Reaktionen der Marktteilnehmer seit Veröffentlichung des OSRA wider.

---

225 Vgl. OSRA von 1998, Section 4(b) und 5(a).

226 Vgl. OSRA von 1998, Section 8(a)(1).

227 Vgl. OSRA von 1998, Section 10(c)(4) sowie 4(a)(1).

228 RATHJEN (1999), S. 4.

229 Vgl. OSRA von 1998, Section 3(17) und 19(a).

So unterstellen Experten, dass im Zuge des OSRA Großverlader sowie Linienreedereien mit einem globalen Netzwerk Vorteile erzielen werden. Ein in den USA ansässiger Fernost-Großimporteur, der beispielsweise gleichzeitig als Tochterunternehmen eines europäischen Import-Export-Mutterkonzerns auftritt, kann u.U. ebenfalls auf Europa-Fernost-Ladung zurückgreifen. Mit solchen Kunden werden weltweit operierende Reedereien bevorzugt globale Service-Contracts abschließen, was folglich zu Lasten von Carriern geht, deren Aktivitätsradien sich auf regional abgegrenzte Fahrtgebiete beschränken. Hierunter fallen in der Regel auch die traditionellen Konferenzen, welche im Vergleich zu den einzelnen Linienreedereien und Allianzen mit globalem Netzwerk in zunehmendem Maße Nachteile bezüglich der Möglichkeit, weltweit als Anbieter aufzutreten, in Kauf zu nehmen haben.[230]

Die Marktmacht der Konferenzen infolge des OSRA wird aber auch aus einem anderen Grunde immer mehr in Frage gestellt: Infolge der Tatsache, dass die Konferenzen ihren Mitgliedern nicht mehr untersagen können, individuelle und vertrauliche Service-Contracts auszuhandeln sowie verbindliche Regeln hierfür aufzustellen, wird sich die Bedeutung solcher Vertragsformen voraussichtlich noch weiter erhöhen. Etwa zwei Drittel der gesamten Eastbound-Verkehre zwischen den USA und Europa werden bereits mittels Service-Contracts als vertraglicher Grundlage transportiert, wobei dieser Anteil nach Meinung der Verlader auf bis zu 80 Prozent und mehr steigen kann. Dabei wird argumentiert, dass die Konferenz in diesem Fahrtgebiet maximal noch 10 Prozent des Gesamtvolumens kontrollieren kann, da die Outsider ebenfalls versuchen werden, von den restlichen 20 Prozent einen möglichst großen Anteil zu akquirieren.[231]

---

230 Vgl. BAUER (1998a), S. 12.

231 Vgl. BAUER (1998b), S. 8 sowie ähnlich DAVISON (1999), S. 60.

Als weitere Konsequenz des OSRA wird der Wettbewerbsdruck auf die kleineren NVOCC zunehmen. NVOCC dürfen immer noch keine Service-Contracts mit den Verladern schließen, sondern nur mit den Reedereien. Größere NVOCC mit Filialen außerhalb der USA können diese Regelung umgehen, indem zum Beispiel Nordatlantik-Serviceverträge in Europa, und nicht in den USA vereinbart und unterzeichnet werden. NVOCC ohne entsprechendes Netzwerk haben diese Möglichkeit nicht, und es ist zu erwarten, dass die Ratenmargen der Servicekontrakt-Raten zwischen Reedereien und ursprünglichen Verladern und solchen zwischen Reedereien und NVOCC sich stark verringern werden.[232] Zudem müssen die NVOCC ihre Raten gegenüber den Verladern weiterhin öffentlich zugängig machen, wohingegen die Service-Contracts der Reeder weitestgehend vertraulich bleiben. Die Reeder können also entscheidene Informationen der Vertragsrelation NVOCC-Verlader einsehen und diese Informationen für gezielte direkte Verhandlungen mit den Verladern verwenden.[233]

4.2 Wettbewerbstheoretische Erklärungsmodelle

Im Rahmen der Zugrundelegung wettbewerbstheoretischer Referenzmodelle stellt sich vor allem das Problem, welche Modelle am weitesten der Wirklichkeit der Container-Linienschifffahrt entsprechen. In diesem Zusammenhang ist zu hinterfragen, welche Prämissen der Realität auf diesen Märkten auch standhalten. Hierfür gibt es keine exakten wissenschaftlichen Methoden, so dass eine solche Beurteilung zwangsläufig immer intuitiv und dem jeweiligen praktischen Detail-Kenntnisstand des Betrachters unterliegt.

---

232 Vgl. BAUER (1998c), S. 8.

233 Vgl. DAVISON (1999), S. 60.

Bei dem in dieser Arbeit zu analysierenden Markt „Container-Linienschifffahrt“ ist einerseits abzugrenzen, ob es sich hier um einen vollkommenen oder einen unvollkommenen Markt handelt. Andererseits ist zu klären, inwieweit die Anbieter des Gutes Containertransporte auf See einen Kapazitäts- oder einen Preiswettbewerb betreiben.

Bezüglich eines vollkommenen Marktes müssen die folgenden drei Bedingungen erfüllt sein: Homogenität der Güter, fehlende persönliche, zeitliche und räumliche Präferenzen sowie vollständige Markttransparenz. Infolge der Standardisierung des Transportmittels Container erscheint die Homogenitätsbedingung in Anwendung auf die Containerschifffahrt plausibel. Auch die Restriktion persönlicher, zeitlicher oder räumlicher Präferenzen dürfte eher eine untergeordnete Rolle spielen, da es sich auf der Nachfragerseite insbesondere um „professionelle“ Verlader bzw. Speditions- und Logistikunternehmen handelt, deren vornehmliches Augenmerk auf dem Preis-Leistungs-Verhältnis der Containerreedereien liegt. Aufgrund der modernen Kommunikationsmittel ist auch anzunehmen, dass die Nachfrager über die von den Reedereien gesetzten Bedingungen vollständig informiert sind et vice versa, so dass also die Container-Linienschifffahrt grundsätzlich als vollkommener Markt angesehen werden kann. Da zudem auf den verschiedenen geographischen Teilmärkten keine atomistische Angebotsstruktur herrscht, ist innerhalb der Auswahl adäquater Theoriemodelle von homogenen Oligopolen auszugehen.

Um den Wettbewerb von homogenen Oligopolen näher untersuchen zu können, muss zunächst geklärt werden, welche Aktionsparameter die Containerreedereien für die Durchsetzung ihrer wettbewerbsstrategischen Ziele einsetzen. Repräsentiert der Preis den entscheidenden Aktionsparameter, so handelt es sich um einen so genannten BERTRAND-Preiswettbewerb. Im Rahmen der Kapazitätswahl als hauptsächlichen strategischen Wettbewerbsparameter spricht man bei statischer Analyse von einem so genannten COURNOT-Mengenwettbewerb. Die Frage ist nun, welche Wettbewerbsverhaltensform, Preis- oder Kapazitätswettbewerb, für die Container-Linienschifffahrt typisch ist. Aufgrund der sehr unterschiedlichen Modelllösungen zwischen dem COURNOT- sowie dem BERTRAND-Wettbewerb mussten sich traditionell die Ökonomen bei der Analyse von Märkten entscheiden, welches Modell realitätsnah anzuwenden ist. Es herrschte in der ökonomischen Literatur gewissermaßen eine Dichotomie zwischen oligopolistischem Preis- und Mengenwettbewerb.

Dass Unternehmen durch eine große Ausbringungsmenge sich Vorteile gegenüber ihrer Konkurrenz verschaffen können, entspricht der Intuition. Beim Mengenwettbewerb des COURNOT-Modells hat sich jedoch als nachteilig herausgestellt, dass der Preisbildungsprozess nicht wirklich dargestellt wird: In der Realität setzen Unternehmen ihre Preise fest und die Nachfrager entscheiden dann darüber, welche Mengen sie tatsächlich nachfragen werden.[234]

Angesichts dieser eigenartigen Wettbewerbsvorstellung kritisierte BERTRAND das Modell von COURNOT und stellte diesem ein Preiswettbewerbsmodell gegenüber. Der Vorteil dieses Modells wiederum ist, dass die Verwendung von Preisen als Aktionsparameter realitätsnäher ist. Der gravierende Nachteil dieses Preiswettbewerbs ist es allerdings, dass die Ergebnisse häufig mehrdeutig sind oder zum einen der Empirie sowie der Intuition widersprechen.[235]

Von der Konzeption her können weder statischer Preis- noch Mengenwettbewerb überzeugen, da in der Realität die Aktionsparameter Preis und Aus-

---

234 Vgl. FEESS (1997), S. 418.

235 Vgl. FEESS (1997), S. 418.

bringungsmenge eine sehr hohe Interdependenz aufweisen. Aus diesem Grunde liegt es nahe, beide Modelle zu erweitern und miteinander zu verknüpfen, um die Dichotomie von Preis- und Kapazitätswahl aufzulösen. Eine große Aufmerksamkeit erlangte daher eine Abhandlung von KREPS und SCHEINKMAN aus dem Jahre 1983, in dem sowohl Preis- als auch Mengenwettbewerb verbunden werden.[236] KREPS und SCHEINKMAN nehmen in ihrem Modell an, dass die Oligopolisten in der ersten Stufe des Wettbewerbs simultan über ihre Kapazitäten entscheiden, während in der darauf folgenden Stufe ein BERTRAND-Preiswettbewerb stattfindet. Dabei werden die Kapazitäten in der ersten Stufe so festgelegt, dass sie die maximal mögliche Produktionsmenge in der zweiten Stufe repräsentieren. In einem sehr komplexen Modell konnten KREPS und SCHEINKMANN beweisen, dass eine Verknüpfung von Mengen- und Preiswettbewerb genau dasselbe NASH-Gleichgewicht liefert wie der statische Mengenwettbewerb des COURNOT-Modells.[237]

Bezüglich der Containerschifffahrt kann intuitiv abgeleitet werden, dass die Variable Kapazität wesentlich träger und nicht so zeitsensibel ist wie die Variable Preis. Aus diesem Grunde sowie in Verbindung mit den von KREPS und SCHEINKMANN gemachten Aussagen kann hier angenommen werden, dass dem Mengen- bzw. Kapazitätswettbewerb in der Containerschifffahrt in Bezug auf das Marktergebnis ein bedeutenderer Stellenwert beigemessen werden kann.

Nun haben sich aber neben dem COURNOT-Modell auch noch andere theoretische Oligopollösungen bei Mengenstrategie etabliert, namentlich das STACKELBERG-Modell, die gemeinsame Maximierung des Gesamtgewinns sowie die BOWLEY-Lösung. Beim STACKELBERG-Modell handelt es sich um ei-

---

236 Vgl. KREPS/SCHEINKMAN (1983), S. 326-337.

237 Vgl. FEESS (1997), S. 429.

ne Dynamisierung des statischen COURNOT-Modells und sollte daher in dieser Arbeit ebenfalls Berücksichtigung finden. Das Modell der gemeinsamen Gewinnmaximierung impliziert eine Kartellierung des Marktes bzw. eine Übereinstimmung der Oligopolisten,[238] die bislang in dieser Extremform auf den hier betrachteten Fahrtrouten der Containerschifffahrt nicht anzutreffen war und realistischerweise auch nie anzutreffen sein wird. Infolgedessen bleibt dieser Ansatz in dieser Abhandlung außer Acht. Die BOWLEY-Lösung wiederum ist als ein Spezialfall des STACKELBERG-Modells anzusehen, dann nämlich, wenn beispielsweise zwei Oligopolisten eine Überlegenheitsstrategie betreiben, ohne jedoch die begehrte Unabhängigkeitsposition im STACKELBERG'schen Sinne zu erreichen. Dieser Machtkampf artet schließlich in ruinöser Konkurrenz aus, so dass der Preis theoretisch auf Null absinken würde.[239] Auch dieser Ansatz ist nicht mit den Beobachtungen in der Container-Linienschifffahrt vereinbar.

Neben dem COURNOT- sowie dem STACKELBERG-Modell soll noch eine dritte grundlegende Wettbewerbstheorie dargestellt werden, nämlich die Theorie der Contestable Markets. Diese Theorie ist vor allem deswegen so interessant, da sie ausgeprägte inhaltliche Gemeinsamkeiten zu den Konzepten der so genannten CHICAGO SCHOOL aufweist und häufig sogar als deren theoretisches Fundament aufgefasst wird.[240] Dies vor allem vor dem Hintergrund, dass die CHICAGO SCHOOL der Überzeugung ist, dass unbeeinflusste Märkte grundsätzlich zu einem Wohlfahrtsoptimum tendieren.[241] Die politische Handlungsmaxime dieser Denkschule zielt dabei insbesondere in Richtung Deregulierung staatlich reglementierter Märkte.

---

238 Vgl. OTT (1991), S. 215.

239 Vgl. OTT (1991), S. 214.

240 Vgl. ABERLE (1992), S. 46.

241 Vgl. ABERLE (1992), S. 40.

4.2.1 Das Oligopolmodell von Cournot

Beim COURNOT'schen Oligopolmodell handelt es sich um den ältesten Beitrag zur Oligopoltheorie. Es wird zunächst unterstellt, dass zwei Anbieter existieren. Jeder der Anbieter versucht, mittels autonomer Verhaltensweise seinen Gewinn mittels Mengenfixierung zu maximieren.[242] Der Aktionsparameter Output der jeweils anderen Unternehmung wird dabei wie eine konstante Größe behandelt.[243] Zudem wird davon ausgegangen, dass die Oligopolisten simultan über ihre Angebotsmengen entscheiden; es liegt also aus spieltheoretischer Sicht ein statisches Spiel vor.[244] Im Folgenden soll das COURNOT-Modell formal mit den entsprechenden wohlfahrtstheoretischen Auswirkungen dargestellt werden.[245]

Es sei für zwei im Markt agierende Oligopolisten folgende Kostenfunktion unterstellt:

$$TC_i = c_i q_i \qquad \text{mit } i = 1,2 \qquad \text{und} \qquad c_1, c_2 \geq 0.$$

Die Nachfragerelation ist durch den Ausdruck

$$p(Q) = a - bQ \qquad \text{wobei } a,b > 0,\ a > c_i \qquad \text{und} \quad Q = q_1 + q_2$$

umschrieben.

---

242 Autonome Verhaltensweise bedeutet, dass der einzelne Oligopolist annimmt, infolge von Veränderungen seiner Angebotsmenge keine Reaktion seines Wettbewerbers herbeizuführen. Vgl. OTT (1991), S. 210.

243 Vgl. SCHUMANN (1992), S. 327.

244 Vgl. FEESS (1997), S. 398.

245 Bezüglich der nachstehenden formalen Ausführungen im Rahmen des COURNOT-Modells vgl. SHY (1995), S. 98-104.

Mit Hilfe der Kosten- und Nachfragefunktion kann man nun die Gewinnfunktion des Anbieters 1 sowie des Anbieters 2 konstruieren:

$$\pi_i\,(q_1, q_2) = (a - b(q_1 + q_2)) \cdot q_i - TC_i(q_i).$$

Um die Reaktionsfunktion von Anbieter 1 ermitteln zu können, muss die Gewinnfunktion π_1 zunächst nach q_1 abgeleitet und gleich Null gesetzt werden:

$$\frac{\partial \pi_1}{\partial q_1} = a - 2bq_1 - bq_2 - c_1 = 0.$$

Auflösen der oben stehenden Gleichung nach q_1 in Abhängigkeit von q_2 liefert die Reaktionsfunktion $R_1(q_2)$ des Oligopolisten 1:

$$q_1 = R_1(q_2) = \frac{a - c_1}{2b} - \frac{q_2}{2}.$$

Führt man dieselbe Prozedur für den Anbieter 2 (i = 2) durch, so erhält man die korrespondierende Reaktionsfunktion $R_2(q_1)$ in Abhängigkeit von q_1:

$$q_2 = R_2(q_1) = \frac{a - c_2}{2b} - \frac{q_1}{2}.$$

Setzt man die Reaktionsfunktion R_2 des Anbieters 2 in die Reaktionsfunktion R_1 des Anbieters 1 et vice versa, so erhält man das COURNOT-NASH-Gleichgewicht[246] mit folgenden Gleichgewichtsmengen:

$$q_1^C = \frac{a - 2c_1 + c_2}{3b} \qquad \text{und} \qquad q_2^C = \frac{a - 2c_2 + c_1}{3b}.$$

---

[246] Das sich hier einstellende NASH-Gleichgewicht wird auch COURNOT-NASH-Gleichgewicht genannt. Vgl. FEESS (1997), S. 398.

Anhand der Gleichgewichtsmengen ist es nun möglich, den aggregierten Output Q^C sowie den Gleichgewichtspreis p^C zu berechnen:

$$Q^C = q_1^C + q_2^C = \frac{2a - c_1 - c_2}{3b},$$

$$p^c = a - bQ^C = \frac{a + c_1 + c_2}{3}.$$

Aus den Funktionen q_1^C sowie q_2^C kann gefolgert werden, dass der Output des Anbieters mit den höheren Stückkosten kleiner ist als jener des Anbieters, der zu geringeren Stückkosten arbeitet ($c_1 \leq c_2 \Rightarrow q_2 \leq q_1$).[247]

Des Weiteren kann nun auch das COURNOT-Gewinn-Niveau für den einzelnen Anbieter i als Funktion der Stückkosten der Anbieter i und j, mit $i \neq j$, kalkuliert werden:

$$\pi_i^C = (p^C - c_i) q_i^C = \left(\frac{a + c_i + c_j}{3} - c_i\right)\left(\frac{a - 2c_i + c_j}{3b}\right) = \frac{(a - 2c_i + c_j)^2}{9b}.$$

Zum Abschluss des 2-Anbieter-Falls soll eine statisch-komparative Analyse durchgeführt werden. Hierbei wird unterstellt, dass Anbieter 1 durch eine Innovation im Produktionsprozess Stückkostenvorteile realisieren und aus diesem Grunde c_1 sinkt. Die q_1^C- sowie q_2^C-Gleichungen implizieren, dass q_1^C steigt, während die Gleichgewichtsmenge q_2^C sich verringern wird. Es wird außerdem deutlich, dass in diesem Falle der aggregierte Output Q^C zunimmt

---

247 Vgl. SHY (1995), S. 101.

und der Gleichgewichtspreis p^C fällt. Zudem kann der Anbieter i seinen Gewinn erhöhen, indem er seinen Output q_i^C ausweitet, da $\partial \pi_i^C / \partial q_i^C > 0$ ist.[248]

Es sei nun angenommen, dass sich im Markt nicht nur zwei, sondern N Anbieter befinden. Des Weiteren seien zur Vereinfachung gleiche konstante Stückkosten der einzelnen Unternehmen unterstellt. In einer COURNOT'schen Marktstruktur mit N Unternehmen, jede mit Stückkosten von $c \geq 0$ (i = 1, ..., N), wird der Anbieter 1 seinen Output q_1 so wählen, dass

$$\pi_1 = \left[a - b\left(\sum_{i=1}^{N} q_i\right)\right] q_1 - cq_1$$

maximiert wird, woraus die folgende 1. Ableitung resultiert:

$$\frac{\partial \pi_1}{\partial q_1} = a - 2bq_1 - b\left(\sum_{i=2}^{N} q_i\right) - c = 0 .$$

Nun kann die Reaktionsfunktion des Anbieter 1 in Abhängigkeit der Ausbringungsmengen der anderen Unternehmen bestimmt werden:

$$R_1(q_2, q_3, \ldots, q_N) = \frac{a-c}{2b} - \frac{1}{2}\sum_{i=2}^{N} q_i .$$

Da im COURNOT-Modell mit identischen Kosten grundsätzlich gilt, dass im COURNOT-NASH-Gleichgewicht alle Unternehmen denselben Output produzieren ($q_1 = q_2 = \ldots = q_N$), ist die oben stehende Reaktionsfunktion R_1 auch auf alle anderen Anbieter symmetrisch anwendbar,[249] so dass

---

248 Vgl. SHY (1995), S. 101.

249 Vgl. SCHUMANN (1992), S. 331.

$$q = \frac{a-c}{2b} - \frac{1}{2}(N-1)q \qquad \text{mit} \qquad q = q_i .$$

Mit dieser Gleichung werden nachfolgend die Gleichgewichtsmengen q^C der einzelnen Anbieter sowie der aggregierte Gesamtoutput Q^C berechnet:

$$q^C = \frac{a-c}{(N+1)b} \qquad \text{und} \qquad Q^C = Nq^C = \left(\frac{a-c}{b}\right)\left(\frac{N}{N+1}\right).$$

Es können auch im Rahmen des COURNOT'schen Gleichgewichts der Marktpreis p^C sowie die Gewinn-Niveaus der jeweiligen Unternehmen kalkuliert werden:

$$p^C = a - bQ^C = \frac{a+Nc}{N+1} \qquad \text{sowie} \qquad \pi_i^C = \frac{(a-c)^2}{(N+1)^2 b}.$$

Es soll im Folgenden weiterhin analysiert werden, inwiefern eine Variation der Anzahl der Unternehmen sich positiv oder negativ auf die Käuferrente (KR)[250] auswirkt. Hierbei wird weiterhin die Prämisse einer linear fallenden Nachfrage aufrechterhalten. Bei einem solchen Nachfragetyp kann die Käuferrente mit Hilfe des MARSHALL'schen Dreiecks ermittelt werden:[251]

$$KR = \frac{(a-p)\cdot Q}{2}.$$

Mittels Einsetzen der oben stehenden Ergebnisse für Q^C und p^C ergibt sich folgende Relation:

---

[250] Handelt es sich um Märkte für Konsumgüter, so spricht man auch von Konsumentenrente. Vgl. SCHUMANN (1992), S. 222.

[251] Die Berechnung der Käuferrente mit Hilfe des MARSHALL'schen Dreiecks ist dann hinreichend genau, wenn von einem kleinen Einkommenseffekt ausgegegangen werden kann. Vgl. DEMMLER (1992), S. 124. Im Falle von Containerverschiffungen kann z.B. ange-

$$KR = \frac{N^2(a-c)^2}{2b(N+1)^2}.$$

Der soziale Überschuss W setzt sich aus der Addition der Käuferrente sowie den aggregierten Gewinnen der Anbieter bzw. Produzenten zusammen. Für das hier vorliegende COURNOT-Modell bedeutet dies:

$$W^C(N) = KR(N) + N\pi^C(N) = \left(\frac{(a-c)^2}{2b}\right)\left(\frac{N^2+2N}{N^2+2N+1}\right).$$

Da $\partial W^C/\partial N > 0$ ist, kann davon ausgegangen werden, dass eine steigende Anzahl der im Markt agierenden Unternehmen zu mehr Wettbewerb sowie zu einer Steigerung der Wohlfahrt führt, da die Erhöhung der Käuferrente die Verringerung der aggregierten Anbieter-Gewinne dominiert.[252]

4.2.2 Das Leader-Follower-Modell Stackelbergs

Während beim vorhergehenden COURNOT-Modell angenommen wurde, dass die Oligopolisten simultan über die Angebotsmengen entscheiden, soll nun analysiert werden, wie sich die Marktergebnisse verändern, wenn die Oligopolisten sequenziell ihre Entscheidungen über die Produktionsmengen fällen. Aus spieltheoretischer Perspektive handelt es sich hier nun um ein dynamisches Spiel, welches man mit Hilfe der Methode der Rückwärtsinduktion lösen kann. Das STACKELBERG-Modell soll im Folgenden zur Vereinfachung anhand von zwei Oligopolisten dargestellt werden.

---

nommen werden, dass die Seefrachtausgaben der Verlader relativ klein im Verhältnis zu deren Gesamtausgaben sind.

252 Vgl. SHY (1995), S. 103 f.

Im Rahmen der COURNOT-Lösung kann davon ausgegangen werden, dass die Reaktionsfunktion des Oligopolisten 2 den Oligopolisten 1 informiert, wie 2 auf jede beliebige Angebotsmenge des Oligopolisten 1 reagieren wird. Mit diesem Informationsvorsprung in Kombination mit einer starren und unelastischen Verhaltensweise des Oligopolisten 2 kann 1 sich nun den Vorteil verschaffen, sein Unabhängigkeitsangebot auf den Markt zu bringen, an welches sich Oligopolist 2 sodann anpasst. Man kann also auch sagen, dass der eine Oligopolist Mengenführer (Leader) und der andere Mengenfolger (Follower) ist.[253] Der erste Oligopolist berücksichtigt also die Reaktionsfunktion von 2 bei seiner eigenen Kalkulation zur Gewinnmaximierung. Formal wird dies ausgedrückt, indem der Oligopolist 1 die bereits im COURNOT-Modell ermittelte Reaktionsfunktion von 2[254]

$$R_2(q_1) = \frac{a-c}{2b} - \frac{q_1}{2}$$

in seine Gewinnfunktion einsetzt:[255]

$$\max\ \pi_1^S = p(q_1 + R_2(q_1))\,q_1 - cq_1 = \left[a - b\left(q_1 + \frac{a-c}{2b} - \frac{q_1}{2}\right)\right]q_1 - cq_1 .$$

Mittels erster Ableitung nach q_1 wird die Gewinnfunktion maximiert, so dass der gewinnmaximale Output des STACKELBERG-Oligopolisten 1 wie folgt bestimmt werden kann:

$$q_1^S = \frac{a-c}{2b} .$$

---

253 Vgl. OTT (1991), S. 213 f.

254 Es wird hier im Gegensatz zum COURNOT-Modell unterstellt, dass die die Stückkosten beider Oligopolanbieter identisch sind ($c_1 = c_2 = c$). Vgl. SHY (1995), S. 104-106 bezüglich der formalen Aspekte des hier in dieser Form dargestellten Modells.

Setzt man diese Gleichung nun in die Reaktionsfunktion R_2 des Oligopolisten 2 ein, so erhält man dessen Gleichgewichtsoutput:

$$q_2^S = \frac{a-c}{4b}.$$

Aus diesen Gleichungen können nun Gleichgewichtspreis p^S sowie der aggregierte Output Q^S genau wie im COURNOT-Modell des vorherigen Abschnitts errechnet werden:

$$p^S = \frac{a+3c}{4} \qquad \text{und} \qquad Q^S = \frac{3(a-c)}{4b}.$$

Es sollen nun im Einzelnen die jeweiligen Ausbringungsmengen, Gewinn-Niveaus der Oligopolisten und die damit korrespondierenden Gleichgewichtspreise sowie der aggregierte Gesamtoutput des STACKELBERG-Modells mit denen des COURNOT-Modells verglichen werden. Hierzu mussten die entsprechenden Marktergebnisse des vorherigen Abschnitts nochmals mit identischen ($c_1 = c_2 = c$) Stückkosten kalkuliert werden, so dass nach dieser „Prämissen-Harmonisierung" folgende Aussagen getroffen werden können:[256]

1. Der Output des Oligopolisten 1 (Leader) ist innerhalb des STACKELBERG-Modells größer als im COURNOT-Modell. Beim Oligopolisten 2 (Follower) ist dieser Sachverhalt genau umgekehrt:

$$q_1^S = \frac{a-c}{2b} > \frac{a-c}{3b} = q_1^C \qquad \text{und} \qquad q_2^S = \frac{a-c}{4b} < \frac{a-c}{3b} = q_2^C.$$

2. Das Gewinn-Niveau des Leader ist im STACKELBERG-Modell höher als im COURNOT-Modell. Für den Follower gilt das Gegenteil:

---

255 Vgl. FEESS (1997), S. 415 f. sowie SHY (1995), S. 105.

256 Vgl. SHY (1995), S. 105 f.

$$\pi_1^S = \frac{(a-c)^2}{8b} > \pi_1^C \quad \text{und} \quad \pi_2^S = \frac{(a-c)^2}{16b} < \pi_2^C.$$

3. Der Gleichgewichtspreis ist im STACKELBERG-Modell kleiner als im COURNOT-Modell:

$$p^S = \frac{a+3c}{4} < \frac{a+2c}{3} = p^C.$$

4. Der aggregierte Output Q ist im STACKELBERG-Modell größer als im COURNOT-Modell:

$$Q^S = \frac{3(a-c)}{4b} > \frac{2(a-c)}{3b} = Q^C.$$

Aus den oben stehenden Ergebnissen wird deutlich, dass der sequenzielle Mengenwettbewerb im Rahmen der STACKELBERG-Lösung wohlfahrtstheoretisch gegenüber dem COURNOT-NASH-Gleichgewicht eine Verbesserung bedeutet. Allerdings sind auch hier die Preise größer als die Grenzkosten, so dass die STACKELBERG-Lösung nicht als pareto-optimal anzusehen ist. Es ist aber zu berücksichtigen, dass unter wohlfahrtstheoretischen Kriterien beide Modellergebnisse sich verbessern, wenn die Anzahl der Unternehmungen und somit der Wettbewerber zunimmt.[257]

Die STACKELBERG-Lösung soll nun nochmals anhand eines teilspielperfekten Gleichgewichts im Rahmen der Spieltheorie erläutert werden. Die extensive Form in Abbildung 12 zeigt das STACKELBERG-Problem in Form eines Entscheidungsbaums. Zuallererst bestimmt der Leader L, ob er die Strategie 1 oder 2 wählt. Danach muss sich der Follower F am linken oder rechten Entscheidungsknoten für die Strategie 1 oder 2 entschließen, so dass insgesamt vier Resultate möglich sind. Die Ziffern an den vier Endknoten repräsentieren

---

[257] Vgl. FEESS (1997), S. 442 f.

die Gewinne, die aus den verschiedenen Ergebnismöglichkeiten resultieren. Die erste Ziffer steht hierbei für den Gewinn des Leaders und die zweite Ziffer für den Follower-Gewinn.[258]

Das teilspielperfekte Gleichgewicht soll nun mit Hilfe der Methode der Rückwärtsinduktion hergeleitet werden. Bei einem teilspielperfekten Gleichgewicht handelt es sich um ein NASH-Gleichgewicht aller Teilspiele. In unserem vorliegenden Falle sind insgesamt drei Teilspiele zu konstatieren: Das Gesamtspiel, welches immer auch ein Teilspiel darstellt, da es den gesamten Entscheidungsbaum mit einbezieht, das am linken Entscheidungsknoten F beginnende Teilspiel sowie das am rechten Entscheidungsknoten F beginnende Teilspiel.[259]

Im Rahmen der Rückwärtsinduktion ist es nun entscheidend, leere Drohungen auszuschließen, was letztlich den intuitiven Kern teilspielperfekter Gleichgewichte ausmacht. Aufgrund der Prämisse der vollkommenen Information kann der Leader sich zunächst für alle seine Strategien die rationale Antwort des Followers überlegen. Somit wird bereits deutlich, dass eine Follower-Antwort F2 auf die Leader-Strategie L1 bzw. eine Antwort F1 auf die Strategie L2 sich als leere Drohungen herausstellen, da der Follower im Rahmen seiner Antwort bestrebt sein wird, seinen Gewinn zu maximieren (Rationalverhalten). Es verbleiben also nur noch die Ergebnisse L1/F1 bzw. L2/F2. Nun wird der Leader sich die für ihn günstigere Strategie aussuchen. Da ein Gewinn von 5 größer ist als ein Gewinn von 1, wird der Leader in seinem ersten Zug die Strategie L1 wählen, so dass sich schließlich ein teilspielperfektes Gleichgewicht von L1/F1 einstellen wird.[260]

---

258 Vgl. FEESS (1997), S. 394 f.

259 Vgl. SHY (1995), S. 25-27.

260 Vgl. FEESS (1997), S. 398 oder auch SHY (1995), S. 26 f.

Abbildung 12: Spielthoretische Darstellung des STACKELBERG-Modells

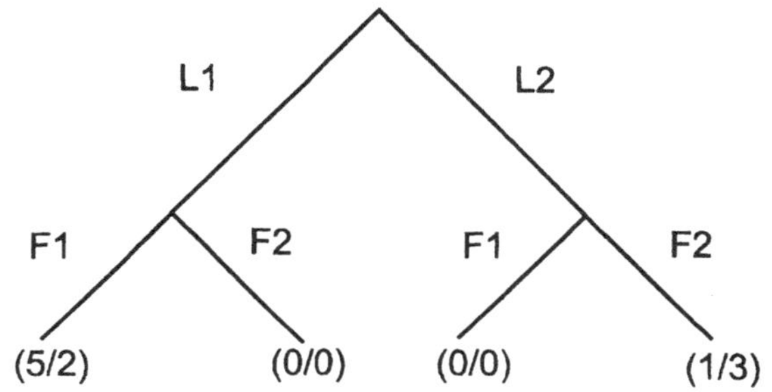

Quelle: FEESS (1997); S. 395.

Es ist festzuhalten, dass es sich beim Leader-Follower-Modell um ein spieltheoretisches dynamisches Modell handelt. Der entscheidende Unterschied ist, dass es sich hier, im Vergleich zum traditionellen und mit Hilfe des mikroökonomischen „Standardinstrumentariums" hergeleiteten STACKELBERG-Modells, um einen diskreten Ansatz handelt.[261]

4.2.3 Die Theorie der Contestable Markets

Die Theorie der Contestable Markets (bestreitbare Märkte) wurde Ende der siebziger Jahre durch eine Forschergruppe um BAUMOL entwickelt. Die Forschungsarbeiten wurden 1982 von BAUMOL, PANZAR und WILLIG in dem Buch *Contestable Markets and the Theory of Industrial Structure* veröffentlicht.

Beim Konzept der Contestable Markets handelt es sich um eine Weiterentwicklung der Referenzsituation vollständige Konkurrenz, wobei die Prämisse der unendlich großen Anbieterzahl entfallen kann, ohne auf wohlfahrtsopti-

---

261 Vgl. FEESS (1997), S. 415.

male Ergebnisse verzichten zu müssen.[262] Im Mittelpunkt steht dabei der vollkommen bestreitbare Markt (Perfectly-Contestable-Market). Als entscheidendes Merkmal der Theorie der Contestable Markets ist die durch Hit-and-Run-Aktionen verursachte disziplinierende Wirkung der potenziellen Konkurrenz auf die etablierten Anbieter hervorzuheben.[263] Im Zuge der Contestable-Markets-Theorie wurde ebenfalls eine Neudefinition des traditionellen natürlichen Monopols vorgenommen sowie neue Kostenkonzepte im Rahmen von Mehr-Produkt-Unternehmen vorgestellt.

Um die Theorie der Contestable Markets mit der Referenzsituation vollständige Konkurrenz vergleichen zu können, sollen zunächst nochmals die drei folgenden Merkmale des Marktes der vollständigen Konkurrenz in Erinnerung gerufen werden:[264]

1) Es herrscht eine atomistische Angebots- bzw. Nachfragestruktur. Die Marktteilnehmer verhalten sich als Mengenanpasser. Der Marktpreis ist für sie ein Datum.
2) Es handelt sich um homogene Güter. Persönliche, räumliche oder sachliche Präferenzen der Marktteilnehmer existieren nicht.
3) Es besteht vollständige Markttransparenz. Dies bedeutet, dass die Marktteilnehmer über das Zustandekommen der Preise unterrichtet sind (vollständige Preisinformation).

Als Marktresultat der vollständigen Konkurrenz ergibt sich die Maximierung der Summe aus Konsumenten- und Produzentenrente. Das Marktergebnis ist pareto-optimal und somit gesamtwirtschaftlich effizient.

---

262 Vgl. ABERLE (1992), S. 46.

263 Vgl. WEIMANN (1998), S. 17.

264 Vgl. SCHUMANN (1992), S. 211 f.

Bezüglich der vollständigen Konkurrenz ist zu beachten, dass die Industriestruktur aufgrund der Annahme vieler und unabhängiger Unternehmen bereits exogen vorgegeben ist. Die Industriestruktur des Perfectly-Contestable-Markets wird hingegen endogen und simultan bestimmt, da von der grundsätzlichen Prämisse der atomistischen Angebotsstruktur im Rahmen der vollständigen Konkurrenz abgesehen wird, woraus schließlich auch eine endogene Bestimmung der Gleichgewichtspreise und -mengen resultiert.[265]

Ein vollkommen bestreitbarer Markt befindet sich dann im Gleichgewicht, wenn die Industriestruktur tragfähig (sustainable) bzw. marktzutrittsresistent ist.[266] Für die Tragfähigkeit einer Industriestruktur ist dabei die Zulässigkeit (feasibility) von entscheidender Bedeutung. Eine Industriestruktur ist zulässig (feasible), wenn die etablierten Unternehmen die Marktnachfrage zum bestehenden Preis befriedigen und selbst keine Verluste erleiden:[267]

$$\sum_{i=1}^{N} y_i = Q(p) \qquad \text{und} \qquad py_i - C(y_i) \geq 0 \quad \text{für } i = 1, \ldots N$$

wobei

y_i = Output der i-ten Unternehmung;

p = Marktpreis des produzierten Gutes;

$Q(p)$ = Marktnachfrage;

$C(y_i)$ = Kostenfunktion der i-ten Unternehmung;

N = Anzahl der Unternehmen im Markt.

---

265 Vgl. ASCHINGER (1984), S. 218.

266 Vgl. HEGEMANN (1986), S. 585 f.

267 Vgl. ASCHINGER (1984), S. 219.

Die Industriekonfiguration ist ferner tragfähig, wenn sie zulässig ist und kein profitabler Markteintrittsplan der potenziellen Konkurrenten besteht:[268]

$$p^e y^e \leq C(y^e) \quad \text{für alle} \quad p^e \leq p \quad \text{und} \quad y^e \leq Q(p^e)$$

wobei

p^e = gesetzter Preis der potenziellen Konkurrenten;

y^e = Angebotsmenge der potenziellen Konkurrenten.

Für tragfähige Industriestrukturen mit mindestens zwei Unternehmen ($N \geq 2$) lassen sich folgende Aussagen treffen:[269]

1. Die Gesamtkosten der Produktion werden minimiert (technische Effizienz). Könnte eine andere Industriestruktur den Gesamtoutput kostengünstiger herstellen, so impliziert dieses einen positiven Gewinn mindestens einer Unternehmung, woraus ein Eintritt potenzieller Konkurrenten in den Markt resultieren würde.
2. Die Grenzkosten aller Unternehmen sind gleich und entsprechen den korrespondierenden Durchschnittskosten sowie dem Marktpreis [$MC(y^i) = AC(y^i) = p$ für $i = 1, ..., N \geq 2$]. Eine tragfähige Industriestruktur ist daher wohlfahrtstheoretisch als pareto-optimal anzusehen und besitzt allokative Effizienz. Wäre der Preis des Etablierten beispielsweise größer als die Grenzkosten, so könnte ein potenzieller Konkurrent in den Markt eintre-

---

268 Vgl. ASCHINGER (1984), S. 219.

269 Im Falle einer Einzelunternehmung ($N = 1$) liegt nur dann eine tragfähige Industriestruktur vor, wenn es sich bei dem Unternehmen um ein natürliches Monopol handelt (subadditive Kostenstruktur), welches den Preis gleich den Durchschnittskosten ($p = AC$) setzt, wobei der Output der Marktnachfrage entspricht. Als notwendige Gleichgewichtsbedingung für einen Perfectly-Contestable-Market gilt bei Vorlage eines natürlichen Monopols $MC \leq p = AC$. Diese Bedingung erfüllt das Ramsey-Prinzip im Rahmen einer „Zweitbest-Lösung" (wohlfahrtstheoretisch optimale Lösung unter der Nebenbedingung, dass dem Unternehmen kein Verlust entsteht). Vgl. ASCHINGER (1984), S. 219 f.

ten, der etwas mehr Output als der Etablierte produziert, und einen Gewinn erwirtschaften. Ist hingegen der Preis des Etablierten kleiner als die Grenzkosten, so handelt es sich nicht um eine zulässige Industriekonfiguration, da dem Etablierten Verluste entstehen.

Um ein wohlfahrtsoptimales Marktergebnis als Resultat eines sich im Gleichgewicht befindlichen perfekten bestreitbaren Marktes zu erhalten, müssen insbesondere die folgenden drei Hypothesen, auf welche die Theorie der Contestable Markets basiert, erfüllt werden:[270]

- Anbieter-Gleichstellungs-Hypothese;
- Null-Irreversibilitäten-Hypothese;
- BERTRAND-NASH-Verhaltenshypothese.

Die Anbieter-Gleichstellungs-Hypothese unterstellt, dass dem etablierten sowie dem potenziellen Anbieter die gleichen Produktionstechnologien zur Verfügung stehen, so dass die Produktionsfunktionen identisch sind. Zudem wird von staatlichen Subventionen oder Markteintrittsbeschränkungen abgesehen. Des Weiteren bestehen in einem Perfectly-Contestable-Market von Seiten der Nachfrager keine räumlichen, zeitlichen oder persönlichen Präferenzen. Es entstehen keine Transaktions- und Informationskosten, so dass die Nachfrager ohne zeitliche Verzögerung von den Anbietern kaufen, die für ihr Angebot den niedrigsten Preis verlangen.[271]

Die Null-Irreversibilitäten-Hypothese impliziert, dass für einen potenziellen Newcomer keine Kosten beim Marktaustritt entstehen. Die Theorie der Contestable Markets konzentriert sich hierbei insbesondere auf die Existenz von

---

270 Vgl. OPATZ (1994), S. 27, der die BERTRAND-NASH-Hypothese auch als Preis-Reaktions-Hypothese bezeichnet.

271 Vgl. OPATZ (1994), S. 27 und WEIMANN (1998), S. 20.

Sunk Costs, die bei einem eventuellen Marktaustritt nicht mehr reversibel gemacht werden können. Zwar repräsentieren Sunk Costs keine entscheidungsrelevanten Kosten für die etablierten Anbieter, wohl aber für die potenziellen Konkurrenten.[272] Sind die mit einem Marktaustritt verbundenen Sunk Costs gering, so wird seitens der Vertreter der bestreitbaren Märkte auch von einem Almost-Perfectly-Contestable-Market gesprochen.[273] Geringe Sunk Costs liegen insbesondere dann vor, wenn es sich bei der eingesetzten Produktionstechnologie um mobile Kapitalgüter handelt.

Gemäß der BERTRAND-NASH-Verhaltenshypothese kalkulieren die potenziellen Konkurrenten ihre Gewinnerwartungen anhand der vor dem Markteintritt geltenden Preise. Mögliche Preisänderungen der etablierten Unternehmen werden von den potenziellen Konkurrenten nicht antizipiert; die potenziellen Wettbewerber rechnen damit, dass die Etablierten nicht mit Preisnachlässen auf den Markteintritt reagieren werden. Des Weiteren gehen die potenziellen Konkurrenten davon aus, eine aufgrund des geringeren Markteintrittspreises größer gewordene Marktnachfrage vollständig befriedigen zu können. Reagieren die Etablierten entgegen der Annahme dennoch sofort mit Preisnachlässen, so können die potenziellen Konkurrenten ohne Verluste wieder aus dem Markt austreten (Hit-and-Run). Wenn die Etablierten jedoch erst mit einer Zeitverzögerung die Preise senken, so treten die Newcomer erst dann aus dem Markt, wobei sie während dieser Zeit einen Gewinn erzielen konnten.[274]

Es soll nun in Betracht gezogen werden, wie die eben genannten drei fundamentalen Hypothesen, welche die Theorie der bestreitbaren Märkte stützen,

---

272 Vgl. ABERLE (1992), S. 46.

273 Vgl. WEIMANN (1998), S. 21.

274 Vgl. WEIMANN (1998), S. 21.

auf die aktuelle Container-Linienschifffahrt anzuwenden sind. Grundsätzlich kann angenommen werden, dass in der Containerschifffahrt etwaige etablierte sowie potenzielle Konkurrenten einen Zugang zu einer identischen Produktionstechnologie besitzen: Bei den Neubau- oder Gebrauchtmärkten handelt es sich um offene Weltmärkte, in denen nahezu alle Unternehmen gleichermaßen Aufträge platzieren und Käufe tätigen können.[275]

In der Containerschifffahrt sind große Investitionen in die Produktionstechnologie Schiff vorzunehmen, woraus sehr hohe Fixkostenbelastungen resultieren, obwohl ein großer Fixkostenblock per se noch keine Rückschlüsse auf die Existenz substanzieller Sunk Costs zulässt. Infolge ihrer inhärenten Mobilitätseigenschaft in Verbindung mit sehr ausgedehnten Chartermärkten könnte gefolgert werden, dass Containerschiffe im Allgemeinen nur geringe Sunk Costs aufweisen. Hierbei ist jedoch eine differenziertere Betrachtungsweise notwendig, und zwar einerseits im Hinblick auf die Kriterien eingesetzte Schiffstonnage und Fahrtgebiet, andererseits bezüglich der Existenz von ausgedehnten Chartermärkten.

Hinsichtlich der Schiffstonnage ist grundsätzlich eine Interdependenz mit dem jeweiligen Fahrtgebiet zu beobachten, welches bedient werden soll. Nautisch-technische sowie ladungsspezifische Restriktionen, z.B. in der Notwendigkeit der Vorhaltung eines hohen Anteils an Stellplätzen für Kühlcontainer (Reefers), können die Faktorspezifität eines Containerschiffes erhöhen und somit gleichzeitig eine Einschränkung der alternativen Verwendungsmöglichkeit der Schiffe bewirken, woraus das Containerschiff mit höheren irreversiblen Kosten belastet wird.[276]

---

275 Vgl. DAVIES (1986), S. 302.

276 Vgl. OPATZ (1994), S. 128.

Funktionierende Chartermärkte entwickelten sich in der Containerschifffahrt als Folge der zunehmenden Freisetzung kleinerer Schiffstonnage durch größere Neubauten. Dabei wurden die kleineren Schiffe von den großen Ost-West-Routen immer stärker verdrängt. Die derzeitigen Post-Panamax-Schiffe befinden sich nahezu ausschließlich in Reederei-Eigentum.[277] Allerdings haben mittlerweile auch einige Leasing-Gesellschaften Post-Panamax-Neubauten in Bestellung gegeben, um diese dann anschließend zu verchartern. Aufgrund der im Vergleich zum Gesamtmarkt geringen Stückzahl von Neubestellungen durch diese Gesellschaften sowie der langen Laufzeiten der Charterverträge (5 bis 10 Jahre)[278] kann davon ausgegangen werden, dass für die Schiffe der Post-Panamax-Klasse nahezu keine relevanten Chartermärkte bestehen, die eine spürbare Reduzierung des Risikos irreversibler Kosten ermöglichen. Ausgedehnte Chartermärkte existieren derzeit lediglich für Containerschiffe mit einer Stellplatzkapazität bis zu 3.000 TEU.[279]

In Bezug auf die BERTRAND-NASH-Hypothese ist zu hinterfragen, warum die Nachfrager sofort auf die günstigeren Preise des Newcomers reagieren, während die etablierten Unternehmen aber ihre bislang festgesetzten Preise beibehalten sollen. BAUMOL et al. versuchen, diese Annahme der reaktionsfreien Zeitspanne zu motivieren, indem sie argumentieren, dass der Newcomer Zukunftskontrakte abschließt, so dass die etablierten Unternehmungen nicht mehr reagieren können, oder der Neuanbieter macht sein Angebot davon abhängig, dass eine ausreichend große Menge seiner Leistung insgesamt verkauft werden kann.[280] Dieser Argumentation folgend, muss also im Rahmen einer Relevanz der BERTRAND-NASH-Hypothese geprüft werden, inwie-

---

277 Vgl. OPATZ (1994), S. 129.

278 Vgl. LSE (1999), Heft 11, S. 23.

279 Vgl. ähnlich OPATZ (1994), S. 129.

280 Vgl. FEHL (1985), S. 40.

fern solche Zukunftskontrakte auch zwischen den Verhandlungspartnern Reedereien-Verlader existieren. In diesem Zusammenhang ist hier insbesondere auf die Abschlüsse der bereits im Abschnitt 4.1.3 diskutierten Service-Contracts zu verweisen, denen vor allem auf der Nordatlantik-Route eine sehr starke Bedeutung beigemessen wird.

Eine weitere offene Frage der Theorie der Contestable Markets ist der Prozessablauf zum Gleichgewicht. BAUMOL et al. haben diesen Kritikpunkt mit der Begründung zu entkräften versucht, es handele sich bei ihrem Konzept vordergründig um eine statische Gleichgewichtstheorie. Diese Begründung ist insofern korrekt, als dass sich BAUMOL et al. in erster Linie auf die Analyse der statischen Gleichgewichtspreise und -mengen konzentrieren. Das Reaktionsschema von Hit-and-Run-Aktionen beinhaltet jedoch auch dynamische Aspekte des Modells.[281] Solche dynamischen Aspekte sollen im folgenden Abschnitt im Rahmen einer empirischen Darstellung der Marktentwicklungen auf der Nordatlantik- und Fernost-Route mit einbezogen werden.

4.3 Empirische Marktentwicklungen

Da es sich bei den im vorherigen Abschnitt vorgestellten Oligopolmodellen ausschließlich um statische Gleichgewichtsmodelle handelt, sollten für eine fundierte und aussagefähige Analyse der Wettbewerbssituation auf den Seeverkehrsmärkten auch empirische Marktentwicklungen berücksichtigt werden. Hierdurch wird sichergestellt, dass in dieser Arbeit die Marktergebnisse nicht nur theoretisch, sondern auch in der Realität mit in Betracht gezogen werden. Zudem ist nochmals zu betonen, dass es sich vor dem Hintergrund von Wettbewerb als Entdeckungsverfahren bei Marktprozessen um sehr komple-

---

281 Vgl. FEHL (1985), S. 40.

xe und offene Prozesse handelt,[282] deren Ergebnisse durch formale Analysen allein nicht hinreichend prognostiziert werden können.

Die empirischen Marktentwicklungen werden im Folgenden anhand der Entwicklung der Marktstrukturen, der dynamischen Transportkapazitäten sowie der Frachtraten behandelt.

4.3.1 Entwicklung der Marktstrukturen

Nachfolgend sollen die Marktstrukturen der beiden relevanten Fahrtgebiete im Verlaufe der neunziger Jahre empirisch dargestellt und die wesentlichen Trends herausgearbeitet werden. Zunächst wurden die Strukturen der Konferenz sowie der Outsider ausgewertet, um anschließend den Gesamtmarkt des entsprechenden Fahrtgebietes genauer betrachten zu können.

In Tabelle 25 ist die Marktstruktur für die Nordatlantik-Route dargestellt. Es zeigt sich, dass die durchschnittliche Schiffsgröße der Konferenzreedereien in diesem Markt von 1993 bis 1999 kontinuierlich zugenommen hat, und zwar von 2.838 TEU um 20 % auf 3.402 TEU. Die Anzahl der von der Konferenz eingesetzten Schiffe steigt von 1991 bis 1993 stark an (von 31 auf 70 Schiffe) und fällt im Zeitraum 1997 bis 1999 wiederum sehr stark ab (von 75 auf 47 Schiffe). Dies ist damit zu erklären, dass im Jahre 1992 das TAA gegründet wurde, welchem viele Reedereien beigetreten waren. Im Jahre 1998 fand wiederum ein Exodus aus dem TACA, der Nachfolgekonferenz des TAA, als Reaktion auf die forcierte wettbewerbspolitische Haltung der Europäischen Kommission sowie des US-amerikanischen OSRA von 1998 statt.[283] Dieser

---

282 Vgl. ABERLE (1992), S. 38.

283 Es verließ Ende 1997 zunächst Hanjin das TACA, 1998 folgten NOL, Cho Yang, HMM, DSR-Senator, TMM und Tecomar. Vgl. LSE (1999), Heft Oktober, S. 19.

Trend spiegelt sich ebenfalls in der Anzahl der angebotenen Liniendienste wider. Von 1997 bis 1999 sank die Zahl der Konferenz-Liniendienste, die innerhalb eines Konsortiums angeboten werden, von 8 auf 3. Die Anzahl der Mitgliedsreedereien verringerte sich von 16 auf 8. Das größte eingesetzte Konferenzschiff übersteigt auch 1999 mit 4.297 TEU nicht die Panamax-Dimension und weist eine um etwa 11 % höhere Stellplatzkapazität als das größte Schiff des Jahres 1993 auf.

Auch bei den Außenseitern hat die durchschnittliche Schiffsgröße zugenommen. Von 1991 bis 1999 erhöhten sich die durchschnittlichen Slot-Kapazitäten von 2.068 TEU um 38 % auf 2.859 TEU. Auch das größte Outsider-Schiff übersteigt im Jahre 1999 mit einer Kapazität von 4.229 TEU nicht die Panamax-Dimension. Die Anzahl der eingesetzten Outsider-Schiffe fällt im Zeitraum 1991 bis 1993 von 86 auf 51, um von 1997 bis 1999 von 50 bis auf 73 wieder anzusteigen. Die Anzahl der angebotenen Liniendienste sinkt von 13 im Jahre 1991 auf 9 im Jahre 1993. Von 1997 bis 1999 steigt diese Zahl von 9 auf 12. Die Neigung zur Konsortienbildung seitens der Outsider ist gering. Im Jahre 1999 ist aber eine drastische Erhöhung der Außenseiterkonsortien zu beobachten. Die Anzahl der Outsider-Reedereien sinkt von 1991 bis 1995 von 13 auf 8. Bis zum Jahr 1999 erhöht sich diese Zahl wieder auf 18. Insgesamt ergibt sich für die Außenseiter ein Umkehrbild der Konferenz, was aus den bereits oben angeführten Gründen resultiert.

Für den aus Konferenz- und Outsider-Reedereien aggregierten Gesamtmarkt lassen sich für die Marktstruktur folgende relevante Aussagen ableiten:

- Die durchschnittliche Schiffsgröße stieg im Zeitraum 1991-1999 von 2.410 TEU auf 3.072 TEU, was einer Steigerung von etwa 27 % entspricht.
- Die durchschnittliche Schiffsgröße der Outsider liegt im Jahre 1999 gut 16 % unter der mittleren Größe der Konferenzschiffe.

Tabelle 25: Entwicklung der Marktstruktur für die Containerschifffahrt auf der Nordatlantik-Route 1991-1999

Konferenz	**1999**	**1997**	**1995**	**1993**	**1991**
Durchschnittliche Schiffsgröße (TEU-Kapazität)	3.402	2.995	2.883	2.838	3.360
Anzahl der eingesetzten Schiffe	47	75	76	70	31
Größtes Schiff (TEU-Kapazität)	4.297	4.322	3.877	3.877	3.977
Kleinstes Schiff (TEU-Kapazität)	2.024	1.915	1.270	1.060	2.229
Anzahl der Liniendienste	7	10	10	9	6
Anzahl der Dienste innerhalb eines Konsortiums	3	8	8	7	5
Anzahl der Reedereien	8	16	16	15	7
Outsider	**1999**	**1997**	**1995**	**1993**	**1991**
Durchschnittliche Schiffsgröße (TEU-Kapazität)	2.859	2.416	2.397	2.393	2.068
Anzahl der eingesetzten Schiffe	73	50	50	51	86
Größtes Schiff (TEU-Kapazität)	4.229	4.229	4.229	3.428	3.428
Kleinstes Schiff (TEU-Kapazität)	1.208	1.022	1.022	754	754
Anzahl der Liniendienste	12	9	9	9	13
Anzahl der Dienste innerhalb eines Konsortiums	7	2	1	1	3
Anzahl der Reedereien	18	10	8	8	13
Gesamt Nordatlantik	**1999**	**1997**	**1995**	**1993**	**1991**
Durchschnittliche Schiffsgröße (TEU-Kapazität)	3.072	2.763	2.690	2.650	2.410
Anzahl der eingesetzten Schiffe	120	125	126	121	117
Größtes Schiff (TEU-Kapazität)	4.297	4.322	4.229	3.877	3.977
Kleinstes Schiff (TEU-Kapazität)	1.208	1.022	1.022	754	754
Anzahl der Liniendienste	19	19	19	18	19
Anzahl der Dienste innerhalb eines Konsortiums	10	10	9	8	8
Anzahl der Reedereien	26	26	24	23	20

Quelle: LSE (1999), Heft Oktober, S. 20; LSE (1997), Heft August, S. 11; LSE (1995), Heft August, S. 9; LSE (1993), Heft August, S. 10; LSE (1991), Heft August, S. 8; eigene Berechnungen.

- Die Anzahl der eingesetzten Schiffe hat sich nicht wesentlich verändert.
- Die Anzahl der im Markt operierenden Reedereien stieg von 20 auf 26.
- Die Anzahl der Liniendienste hat sich 1999 im Vergleich zu 1991 nicht verändert (19), allerdings ist ein leicht verstärkter Trend zur Konsortienbildung

zu erkennen, der bis 1997 insbesondere bei den Konferenzreedereien vorherrschte.

- Die größten eingesetzten Schiffe erreichen keine Post-Panamax-Dimension, was insbesondere mit der Fahrtrouten-Spezifität (geringe Seestreckendistanz) sowie den nautischen Gegebenheiten (Fahrwassertiefe) zusammenhängt.

In Tabelle 26 ist die Marktstruktur für die Europa-Fernost-Route dargestellt. Auch hier wird deutlich, dass die durchschnittliche Schiffsgröße von 1992 bis 2000 von 3.220 TEU bis auf 4.918 TEU bei den Konferenzschiffen anstieg, was einer Zuwachsrate von etwa 53 % entspricht. Des Weiteren stieg die Anzahl der eingesetzten Konferenzschiffe ebenfalls deutlich an, was mit einer zunehmenden Tendenz der Konferenzreedereien, insbesondere seit Mitte der neunziger Jahre neue Schiffe zu ordern, erklärbar ist. Im Zuge dessen erhöhte sich auch die Zahl der angebotenen Konferenz-Liniendienste auf dieser Relation. Die Anzahl der Konferenzreedereien hat sich 2000 gegenüber 1992 leicht erhöht. Die größten Konferenzschiffe haben ebenfalls seit Mitte der neunziger Jahre die Panamax-Barriere überwunden, so dass im Jahre 1998 bereits Schiffe mit einer Stellplatzkapazität von 7.000 TEU zu registrieren sind. Zudem ist interessant, dass zunehmend die Konferenz-Liniendienste innerhalb von Konsortien angeboten werden.

Die durchschnittliche Schiffsgröße der Outsider-Reedereien erhöhte sich im Zeitraum 1992 bis 2000 von 2.134 TEU auf 3.755 TEU. Im Vergleich zu den Konferenzschiffen ist dieser Zuwachs mit 76 % dynamischer bzw. überproportional. Die Anzahl der eingesetzten Outsider-Schiffe verringerte sich bis 1998, da einige Außenseiter-Reedereien in den Jahren 1995 und 1996 der Konferenz beigetreten sind, woraus eine Reduzierung der angebotenen Liniendienste resultierte. Im Jahre 1992 befanden sich 17 Outsider im Markt, 2000 hingegen nur noch 13. Das größte Outsider-Schiff erreicht mit einer Ka-

Tabelle 26: Entwicklung der Marktstruktur für die Containerschifffahrt auf der Fernost-Route 1992-2000

Konferenz	**2000**	**1998**	**1996**	**1994**	**1992**
Durchschnittliche Schiffsgröße (TEU-Kapazität)	4.918	4.291	3.747	3.461	3.220
Anzahl der eingesetzten Schiffe	127	107	97	78	78
Größtes Schiff (TEU-Kapazität)	7.200	7.000	6.000	4.422	4.400
Kleinstes Schiff (TEU-Kapazität)	1.928	2.054	1.984	2.364	1.950
Anzahl der Liniendienste	15	13	12	9	9
Anzahl der Dienste innerhalb eines Konsortiums	12	13	12	7	6
Anzahl der Reedereien	13	12	14	11	12
Outsider	**2000**	**1998**	**1996**	**1994**	**1992**
Durchschnittliche Schiffsgröße (TEU-Kapazität)	3.755	3.544	2.900	2.451	2.134
Anzahl der eingesetzten Schiffe	113	107	128	149	157
Größtes Schiff (TEU-Kapazität)	5.618	5.302	4.411	4.229	3.028
Kleinstes Schiff (TEU-Kapazität)	1.965	2.102	1.597	1.036	967
Anzahl der Liniendienste	11	11	13	16	15
Anzahl der Dienste innerhalb eines Konsortiums	5	5	6	5	5
Anzahl der Reedereien	13	12	12	16	17
Gesamt Fernost	**2000**	**1998**	**1996**	**1994**	**1992**
Durchschnittliche Schiffsgröße (TEU-Kapazität)	4.370	3.918	3.265	2.798	2.494
Anzahl der eingesetzten Schiffe	240	214	225	227	235
Größtes Schiff (TEU-Kapazität)	7.000	7.000	6.000	4.422	4.400
Kleinstes Schiff (TEU-Kapazität)	2.102	2.102	1.597	1.036	967
Anzahl der Liniendienste	26	24	25	25	24
Anzahl der Dienste innerhalb eines Konsortiums	17	18	18	12	11
Anzahl der Reedereien	26	24	26	27	29

Quelle: LSE (2000), Heft Oktober, S. 17; LSE (1998), Heft Oktober, S. 22; LSE (1996), Heft Oktober, S. 13; LSE (1994), Heft Oktober, S.10; LSE (1992), Heft Oktober, S. 9; eigene Berechnungen.

pazität von 5.618 TEU im Jahre 2000 ebenfalls Post-Panamax-Dimensionen. Die Anzahl der innerhalb von Konsortien angebotenen Liniendienste veränderte sich im beobachteten Zeitablauf nicht.

Für den Container-Gesamtmarkt Europa-Fernost lassen sich folgende Trends konstatieren:

- Die durchschnittliche Kapazität der Konferenzschiffe ist 2000 mit 4.918 TEU etwa um 31 % größer als die der Outsider-Schiffe mit 3.755 TEU.
- Die durchschnittliche Schiffsgröße des aggregierten Gesamtmarktes stieg im Zeitraum 1992-2000 von 2.494 TEU auf 4.370 TEU, was einer Steigerung von 75 % entspricht.
- Die Anzahl der eingesetzten Schiffe ist im Beobachtungszeitraum von 235 auf 240 gestiegen.
- Die Anzahl der sich im Markt befindenden Reedereien sank von 29 (1992) auf 26 (2000).
- Das größte eingesetzte Schiff im Jahre 2000 gehört zur Konferenz und weist eine Stellplatzkapazität von 7.200 TEU auf.
- Die Anzahl der angebotenen Liniendienste ist im Wesentlichen konstant, wobei die Tendenz zur Bildung von Konsortien zugenommen hat.

Im Gesamtmarktvergleich der Europa-Fernost- sowie der Nordatlantik-Route wird deutlich, dass die durchschnittliche Schiffsgröße des Jahres 2000 im Fernost-Verkehr um etwa 42 % größer ist als beim Nordatlantik-Verkehr. Zudem sind die Schiffsgrößen auf der Fernost-Route gegenüber der Nordatlantik-Route seit Anfang der neunziger Jahre überproportional gewachsen. Während die TEU-Kapazität des größten auf der Fernost-Route eingesetzten Schiffes im Verlaufe der Neunziger kontinuierlich zunahm, blieb die TEU-Kapazität des größten eingesetzten Schiffes auf dem Nordatlantik-Trade seit 1995 in etwa konstant. Zudem kann festgestellt werden, dass auf der Fernost-Route der Trend zur Konsortienbildung stärker ausgeprägt ist als auf der Nordatlantik-Route.

4.3.2 Entwicklung der dynamischen Transportkapazitäten

In Tabelle 27 sind die Entwicklungen der dynamischen Kapazitäten auf dem Nordatlantik-Markt sowohl für die Konferenzen als auch für die Outsider dargestellt. Die folgende Analyse konzentriert sich insbesondere auf den Zeitraum von 1993 bis 1999, und zwar aus folgenden Gründen: Einerseits wurde im Verlaufe des Jahres 1992 das TAA gegründet, dem viele Outsider neu beigetreten sind. Die ersten Auswirkungen des bereits im Abschnitt 4.1 beschriebenen TAA wurden erst 1993 sichtbar. Im Jahre 1998 wiederum verließen viele Reeder die Nachfolgekonferenz des TAA, das TACA, so dass die in der Tabelle 27 dargestellte Kapazitätsentwicklung des TACA ab dem Jahre 1998 nur bedingt vergleichbar mit den Vorjahreswerten ist.

Es wird deutlich, dass das TAA von 1992 bis 1993 die dynamischen Kapazitäten um 9,9 % verringern konnte. Auch in den folgenden Jahren stiegen die eingesetzten Kapazitäten nur leicht an. Von 1993 bis 1997 errechnet sich eine durchschnittliche Kapazitätswachstumsrate von 1,4 % p.a. Aus diesen Zahlen kann man konstatieren, dass das TAA/TACA sein Ziel, die Kapazitäten zu deckeln, in diesem Zeitraum erreicht hat. Interessanterweise haben auch die Outsider ihre dynamischen Kapazitäten von 1993 bis 1996 nicht stark ausgeweitet. Die durchschnittliche Wachstumsrate beträgt 3,3 % p.a. und kann ebenfalls als relativ gering betrachtet werden. Aus dieser Tatsache heraus wirft sich zumindest die Frage auf, ob die Outsider nicht stillschweigend die Kapazitätspolitik der Konferenz übernommen haben.

Im Jahre 1997 ist eine starke Kapazitätsausweitung seitens der Outsider zu registrieren. Diese Erhöhung der dynamischen Kapazitäten ist insbesondere darauf zurückzuführen, dass ein Konsortium bestehend aus Cosco, K-Line und Yangming mit 223.000 TEU in den Markt eingetreten ist. Hieraus erklären sich bereits etwa 76 % der insgesamt zusätzlichen 291.600 Outsider-TEU im Vergleich zu 1996. Die weitere sehr starke Zunahme der Outsider-Kapazitäten ab 1998 resultiert insbesondere aus dem TACA-Austritt diverser Reedereien wie beispielsweise Hanjin, Cho Yang und DSR-Senator sowie aus der Einführung des neuen North-Atlantic-Sprint-Liniendienstes der Reederei Lykes im Rahmen von Slot-Charter-Agreements mit den beiden Newcomern APL und MOL.[284] Mit dem North-Atlantic-Sprint hatte Lykes im Vergleich zu 1997 zusätzliche Kapazitäten von 220.400 TEU eingebracht. Bei einer gesamten zusätzlichen Marktkapazität von 375.700 TEU gegenüber 1997 machen die Lykes-Kapazitäten bereits 59 % der zusätzlichen Gesamtkapazität aus. Aus den eben genannten Gründen nahm der Anteil der Konferenzkapazität an der gesamten Kapazität ebenfalls seit 1997 stark ab und lag 1999 bei nur noch 51,7 % verglichen mit 74,3 % des Jahres 1996.

Die dynamischen Kapazitäten des Fahrtgebietes Europa-Fernost sind in Tabelle 28 für den Zeitraum 1992 bis 1999 aufgezeigt. Im Gegensatz zum Nordatlantik-Trade zeigt sich, dass die FEFC insgesamt eine wesentlich expansivere Kapazitätspolitik betrieben hat. Von 1992 bis 1999 wuchs die dynamische Kapazität der Fernost-Konferenz um durchschnittlich 9,7 % p.a. Allerdings ist zu berücksichtigen, dass sich das relativ starke Konferenz-Kapazitätswachstum erst ab dem Jahre 1996 spürbar beschleunigte, da sich im Verlaufe der Jahre 1995 und 1996 die Reedereien APL, Sealand, Yangming sowie DSR-Senator der FEFC anschlossen.[285] Zudem bestellten die neu gegründeten Allianzen Schiffe, die eine erheblich größere Anzahl von Stellplätzen aufwiesen, was mit zum deutlichen Konferenz-Kapazitätswachstum während der zweiten Hälfte der neunziger Jahre beitrug.

---

[284] Vgl. LSE (1999), Heft Oktober, S. 17.

[285] Vgl. LSE (1996), Heft Oktober, S. 10.

Tabelle 27: Entwicklung der dynamischen Schiffskapazitäten auf der Nordatlantik-Route 1992-1999 (Tsd. TEU)

	1999	1998	1997	1996	1995	1994	1993	1992
TAA / TACA	2.160,8	2.244,6	2.510,8	2.440,8	2.411,0	2.440,8	2.378,9	2.639,4
Outsider	2.019,0	1.779,7	1.137,8	846,2	776,0	860,4	767,8	722,1
Total	4.179,8	4.024,3	3.648,6	3.287,0	3.187,0	3.301,2	3.146,7	3.361,5
Anteil Konferenz (in %)	51,7	55,8	68,8	74,3	75,7	73,9	75,6	78,5
Anteil Outsider (in %)	48,3	44,2	31,2	25,7	24,3	26,1	24,4	21,5
Total	100,0	100,0	100,0	100,0	100,0	100,0	100,0	100,0
Kapazitätswachstum Konferenz (in % p.a.)	-3,7	-10,6	2,9	1,2	-1,2	2,6	-9,9	-
Kapazitätswachstum Outsider (in % p.a.)	13,4	56,4	34,5	9,0	-9,8	12,1	6,3	-
Kapazitätswachstum Gesamt (in % p.a.)	3,9	10,3	11,0	3,1	-3,5	4,9	-6,4	-

Quelle: LSE (1999), Heft Oktober, S. 18; LSE (1997), Heft August, S. 9; LSE (1995), Heft August, S. 7; LSE (1993), Heft August, S. 7; eigene Berechnungen.

Das Kapazitätswachstum der Outsider stieg von 1992 bis 1999 lediglich um durchschnittlich 3,7 % p.a. In diesem Zusammenhang ist allerdings auch zu berücksichtigen, dass sich seit Ende 1994 die Anzahl der Outsider-Reedereien durch den Beitritt von APL, Sealand, Yangming und DSR-Senator zur FEFC verringert hat. Die sehr starke Kapazitätsausweitung der Outsider von 1992 bis 1993 und 1993 bis 1994 war auf die expansiveren Kapazitätsstrategien einzelner Outsider zurückzuführen. Der starke Kapazitätsanstieg 92/93 resultierte insbesondere aus der Markteinführung eines neuen

Tabelle 28: Entwicklung der dynamischen Schiffskapazitäten auf der Fernost-Route 1992-1999 (Tsd. TEU)

	1999	1998	1997	1996	1995	1994	1993	1992
FEFC	6.057,1	5.467,3	4.592,9	4.284,9	3.462,4	3.372,3	3.286,2	3.171,2
Outsider	2.690,6	2.289,4	2.185,8	2.214,2	2.350,2	2.765,4	2.399,5	2.093,3
Total	8.747,7	7.756,7	6.778,7	6.499,1	5.812,6	6.137,7	5.685,7	5.264,5
Anteil Konferenz (in %)	69,2	70,5	67,8	65,9	59,6	54,9	57,8	60,2
Anteil Outsider (in %)	30,8	29,5	32,2	34,1	40,4	45,1	42,2	39,8
Total	100,0	100,0	100,0	100,0	100,0	100,0	100,0	100,0
Kapazitätswachstum Konferenz (in % p.a.)	10,8	19,0	7,2	23,8	2,7	2,6	3,6	-
Kapazitätswachstum Outsider (in % p.a.)	17,5	4,7	-1,3	-5,8	-15,0	15,2	14,6	-
Kapazitätswachstum Gesamt (in % p.a.)	12,8	14,4	4,3	11,8	-5,3	7,9	8,0	-

Quelle: LSE (2000), Heft Oktober, S. 15; LSE (1998), Heft Oktober, S. 24; LSE (1996), Heft Oktober, S. 11; LSE (1994), Heft Oktober, S. 8; LSE (1992), Heft Oktober, S. 7; eigene Berechnungen.

Liniendienstes von HMM. Im Jahre 1994 erhöhte vor allem COSCO mit dem Einsatz einer 3.800-TEU-Neubauserie die Outsider-Kapazitäten.[286]

Zusammenfassend kann festgestellt werden, dass von 1992 bis 1994 die Außenseiter die aggressivere Kapazitätspolitik betrieben haben. Ab 1996 kehrt sich dieses Bild um, und die Kapazitäten der Far Eastern Freight Conference expandieren durch den Beitritt von Außenseitern relativ stark. Dieser Sachverhalt spiegelt sich auch im Kapazitätenanteil von Konferenz und Out-

---

286 Vgl. LSE (1994), Heft Oktober, S. 6.

sider wider: Von 1992 bis 1994 sank der Konferenzanteil von 60,2 % auf 54,9 % um bis 2000 wieder auf 69,2 % anzusteigen.

4.3.3 Entwicklung der Frachtraten

Die in diesem Abschnitt analysierten Frachtraten wurden vierteljährlich in CONTAINERISATION INTERNATIONAL veröffentlicht. Die Frachtraten sind durch die Bereitstellung vertraulicher als auch öffentlich zugänglicher Angaben seitens verschiedener Reedereien erstellt. Es handelt sich zudem um All-in-Rates, in denen die Seefrachtrate, eventuelle Zuschläge sowie die THC eingeschlossen sind. Die Frachtraten sind als Durchschnittsraten im Rahmen eines Frachtratenkorbes für eine Vielzahl verschiedener Kombinationen von Hafenverbindungen und Gütern innerhalb eines Fahrtgebietes errechnet worden.[287]

Nordatlantik *(Tabelle 29)*

Im Jahre 1994 stiegen im ersten Quartal die Nordatlantik-Raten infolge der ergriffenen Maßnahmen im Rahmen des Geschäftsplanes des TAA ost- und westgehend um 3 %.[288] Das zweite Quartal 1994 war gekennzeichnet durch ein starkes Ladungsaufkommen in Richtung Nordamerika. Westgehend stiegen die Raten daher um 3 % auf US-$ 1.297/TEU, ostgehend sanken die Raten jedoch um rund 2 % auf US-$ 1.424/TEU. Der Ratenverfall auf der Relation Europa-Nordamerika dauerte auch noch das dritte und vierte Quartal 1994 an, so dass am Ende des Jahres 1994 ostgehend ein durchschnittlicher Erlös von nur noch US-$ 1.382/TEU erzielt werden konnte. Westgehend

287 Vgl. CI (1994), Heft Juni, S. 12.

288 Vgl. CI (1994), Heft Juni, S. 12.

Tabelle 29: Entwicklung der Frachtraten auf der Nordatlantik-Route (US-$/TEU)

	Eastbound			
	I. Quartal	II. Quartal	III. Quartal	IV. Quartal
1999	1.165	1.111	1.040	1.033
1998	1.472	1.477	1.397	1.308
1997	1.459	1.446	1.611	1.471
1996	1.480	1.496	1.600	1.621
1995	1.403	1.412	1.386	1.442
1994	1.446	1.424	1.396	1.382
	Westbound			
	I. Quartal	II. Quartal	III. Quartal	IV. Quartal
1999	1.100	1.045	1.054	1.129
1998	1.284	1.210	1.221	1.188
1997	1.302	1.246	1.306	1.288
1996	1.384	1.344	1.339	1.341
1995	1.434	1.388	1.374	1.349
1994	1.260	1.297	1.297	1.377

Quelle: CONTAINERISATION INTERNATIONAL Freight Rates Indicators

stiegen die Raten abermals um 6 % bis Ende 1994 an, woraus sich eine Durchschnittsrate von US-$ 1.377/TEU errechnete.

Im Jahr 1995 steigen im ersten Quartal die Raten ostgehend um 2 %, westwärts steigen sie trotz ungünstiger US-Dollar-Entwicklung um 4 %. Zudem versuchte das TACA sowie der Außenseiter Evergreen, Ratenerhöhungen zum 1. Januar 1995 am Markt durchzusetzen.[289] Die Rücknahme der angekündigten Ratenerhöhungen des TACA im März 1995 in Zusammenhang mit einer Vereinbarung mit der US-Federal Maritime Commission ließ die westgehenden Frachtraten im zweiten Quartal um 3 % auf US-$ 1.388/TEU sin-

[289] Vgl. CI (1995), Heft März, S. 10.

ken. Ostgehend stiegen sie nur leicht um 0,6 % auf US-$ 1.412/TEU.[290] Im dritten Quartal gaben die Frachtraten im west- und ostgehenden Verkehr um 1 % respektive 2 % nach. Das TACA kündigt eine Erhöhung der Tarifraten zum Januar 1996 um 110 US-$/TEU bzw. 140 US-$/FEU an.[291] Aufgrund von steigenden US-Exporten zogen die Frachtraten im vierten Quartal 1995 ostgehend um 4 % auf US-$ 1.442/TEU an. Im Westbound-Verkehr fallen sie hingegen um 2 % auf US-$ 1.349/TEU.[292]

Im Jahr 1996 erhöhen sich die Frachtraten im ersten Quartal westgehend auf US-$ 1.384/TEU und ostgehend auf US-$ 1.480/TEU. Seit Ankündigung des TACA im dritten Quartal `95, die Tarife zum Januar `96 anzuheben, sind die Transportpreise ostgehend um US-$ 94/TEU und westgehend um US-$ 10/TEU gestiegen. Auf der Ostroute konnte das TACA die angekündigte Ratenerhöhung also annähernd durchsetzen. Im zweiten Quartal 1996 stiegen die Raten im Ostverkehr um 1 %, im Westverkehr fielen sie hingegen um 3 %. Bis Ende des Jahres 1996 zogen die Eastbound-Raten weiter um 8 % bis auf US-$ 1.621/TEU an. Der Westbound-Markt blieb im Wesentlichen stabil. Der starke Anstieg ostgehend ist insbesondere auf den damals relativ schwachen US-Dollar zurückzuführen, der die US-Exporte in hohem Maße stimulierte.[293]

Im Jahr 1997 brachen im ersten Quartal die ostgehenden Frachtraten stark ein (-10 %). Die Westbound-Raten verloren 3 %. Der Preisrückgang lässt sich vor allem auf die aggressive Preispolitik des asiatischen Newcomer-Konsortiums Cosco, K-Line und Yangming zurückführen, welches im Februar

---

290 Vgl. CI (1995), Heft September, S. 19.

291 Vgl. CI (1995), Heft Dezember, S. 8.

292 Vgl. CI (1996), Heft März, S. 17.

293 Vgl. CI (1997), Heft März, S. 10.

`97 den Dienst aufnahm. Um Marktanteile zu halten, zogen die bisher im Fahrtgebiet operierenden Carrier mit Ratensenkungen nach.[294] Im zweiten Quartal 1997 sanken die Eastbound-Raten um 1 % und die Westbound-Raten um 4 %. Das stärkere Nachgeben der Westbound-Raten resultierte aus einem schwächeren Frachtvolumen in Richtung Nordamerika, wohingegen die US-Exporte in Richtung Europa weiter wuchsen.[295] Im dritten Quartal erholten sich die Frachtraten wieder, sowohl ost- als auch westgehend, um im letzten Quartal 1997 erneut zu fallen. Insgesamt verlief das zweite Halbjahr 1997 sehr nervös, und dies aus folgenden Gründen: Zum einen insistierten die Verladerverbände gegen die angekündigten Ratenerhöhungen des TACA um US-$ 120/FEU zum 1. Januar 1998. Es wurde von den Marktteilnehmern erwartet, dass die geplanten Ratenerhöhungen nicht durchsetzbar seien. Andererseits ließ Hanjin verlauten, das TACA 1998 zu verlassen. Zudem kristallisierte sich der Eintritt von MOL und APL in den Nordatlantik-Markt als Outsider ab März `98 heraus.[296]

In den Jahren 1998/99 blieben im ersten Halbjahr 1998 die Frachtraten zumindest im Eastbound-Verkehr noch stabil. Im zweiten Quartal 1998 fielen aber schon die Westbound-Raten sehr stark (-6 %). Dieser intensive abwärts gerichtete Trend setzte sich für beide Fahrtrichtungen im zweiten Halbjahr 1998 sowie im Verlaufe des Jahres 1999 fort. Vom ersten Quartal 1998 bis zum vierten Quartal 1999 sanken die Frachtraten in der Eastbound-Relation um 30 %, und zwar von US-$ 1.472 je TEU auf US-$ 1.033 je TEU. Im Westbound-Verkehr fiel dieser Ratenverfall mit lediglich 12 % im selben Zeitraum nicht so stark aus, was vor allem aus einem anziehenden Wechselkurs des US-Dollars gegenüber dem Euro und der damit verbesserten Wettbewerbs-

---

[294] Vgl. CI (1997), Heft Juni, S. 11.

[295] Vgl. CI (1997), Heft September, S. 12.

[296] Vgl. CI (1998), Heft März , S. 10.

situation europäischer Exporteure resultierte. Im vierten Quartal 1999 erholten sich die Raten auf der Westbound-Relation sogar wieder leicht (+7 % gegenüber dem dritten Quartal). Der außerordentliche Rückgang der Frachtraten von 1998 bis 1999 erklärt sich insbesondere wie folgt:

- Rigoroseres Vorgehen der EU-Kommission gegen das TACA in Verbindung mit dem US-amerikanischen OSRA;
- Zerfall des TACA;
- Aggressiverer Kapazitätswettbewerb der Outsider-Reedereien.

***Fernost** (Tabelle 30)*

Im Jahr 1994 stiegen im Eastbound-Verkehr der Europa-Fernost-Relation die Frachtraten im ersten Quartal um 1% auf US-$ 1.069/TEU. Trotz des Versuches der FEFC, die Westbound-Raten um US-$ 150/TEU anzuheben, fielen die Raten um etwa 1 %.[297] Im zweiten Quartal 1994 gingen die Raten westgehend um 1 % zurück. Ostgehend führte ein Anstieg europäischer Exporte zu einem Ratenanstieg von 2 %. Zum 1. Juli 1994 versuchte das East Bound Management der FEFC Ratenerhöhungen ostgehend um US-$ 150/ TEU bzw. US-$ 200/FEU durchzusetzen.[298] Tatsächlich stiegen die Eastbound-Raten zum Ende des Jahres 1994 um US-$ 93/TEU bis auf US-$ 1.181/TEU. Westgehend sanken die Raten bis Ende 1994 weiter bis auf US-$ 1.581/TEU. Zudem kündigte die FEFC an, die Raten abermals zum 1. Januar 1995 um US-$ 175/225 je 20'/40'-Container zu erhöhen.

---

297 Vgl. CI (1994), Heft Juni, S. 12.

298 Vgl. CI (1994), Heft Dezember, S. 11.

Für das Jahr 1995 ist festzustellen, dass bis zum dritten Quartal 1995 die Eastbound-Raten im Vergleich zum vierten Quartal 1994 von US-$ 1.181/TEU um US-$ um US-$ 128/TEU auf durchschnittlich US-$ 1.309/TEU ansteigen. Die Ratenerhöhungen der FEFC zum 1. Januar 1995 konnten also zum größten Teil am Markt allmählich durchgesetzt werden.[299] Im vierten Quartal 1995 sinken die Eastbound-Raten um 4 %. Der Westbound-Markt zeigte sich im Verlaufe des Jahres 1995 relativ schwach. Im vierten Quartal lagen die Westbound-Raten mit US-$ 1.455/TEU im Durchschnitt 8 % unter dem Niveau des Vorjahresquartals.

Im Jahre 1996 gaben im ersten Quartal die Raten sowohl East- als auch Westbound um 3 % bzw. 6 % gegenüber dem Vorquartal nach. Die Ursache hierfür lag insbesondere in der Neustrukturierung diverser Reederei-Allianzen. Zudem verfolgten die Reedereien eine aggressivere Preispolitik, um zusätzliche Marktanteile zu gewinnen. Der Einsatz größerer Schiffe, vor allem der neuen 6.000-TEU-Klasse von Maersk, verursachte weiteren Druck auf die Frachtraten. Sea-Land, Yangming und DSR-Senator traten der FEFC bei.[300] Im zweiten Quartal 1996 blieben die Frachtraten ostgehend stabil. Westgehend fielen sie zwar, aber im Vergleich zu den Vorquartalen nur relativ langsam. Im Verlaufe des zweiten Halbjahres 1996 sanken die Raten nochmals sehr stark, und zwar um 7 % auf US-$ 1.137/TEU im Eastbound-Verkehr und um 5 % auf US-$ 1.281/TEU im Westbound-Verkehr.

Im Jahre 1997 brachen infolge der Asienkrise im ersten Quartal die Frachtraten sowohl ost- als auch westgehend gegenüber dem Vorquartal um 12 % respektive 13 % ein. Aus diesem Grunde kündigte die FEFC eine Ratenerhöhung im Eastbound-Trade zum 1. Mai 1997 um US-$ 175/225 je TEU/FEU

---

[299] Vgl. CI (1995), Heft September, S. 19.

[300] Vgl. CI (1996), Heft Juni, S. 15.

Tabelle 30: Entwicklung der Frachtraten auf der Fernost-Route (US-$/TEU)

	Eastbound			
	I. Quartal	II. Quartal	III. Quartal	IV. Quartal
1999	716	723	730	775
1998	1.040	869	873	807
1997	995	1.036	1.067	1.056
1996	1.219	1.218	1.167	1.137
1995	1.217	1.302	1.309	1.257
1994	1.069	1.088	1.150	1.181
	Westbound			
	I. Quartal	II. Quartal	III. Quartal	IV. Quartal
1999	1.512	1.525	1.568	1.612
1998	1.183	1.227	1.353	1.465
1997	1.112	1.156	1.187	1.155
1996	1.369	1.346	1.337	1.281
1995	1.544	1.532	1.493	1.455
1994	1.639	1.617	1.590	1.581

Quelle: CONTAINERISATION INTERNATIONAL Freight Rates Indicators

an. Im Westbound-Verkehr sollten die Konferenzraten zum 1. Juli 1997 um US-$ 175/350 je 20'/40'-Box erhöht werden.[301] Tatsächlich gelang es den Konferenzen auch, die Frachtraten wieder leicht zu stabilisieren. Im vierten Quartal 1997 lag die durchschnittliche Eastbound-Rate mit US-$ 1.056/TEU um 6 % über der des ersten Quartals. Auch die Westbound-Rate erholte sich im vierten Quartal um 4 % auf US-$ 1.155/TEU gegenüber dem Jahresanfang.

Für die Jahre 1998/99 ist die Entwicklung der Frachtraten insbesondere vor dem Hintergrund der Wechselkursfolgen der Asienkrise zu bewerten. Die Eastbound-Raten sanken aufgrund eines starken Exportrückgangs in die

[301] Vgl. CI (1997), Heft Juni, S. 11.

fernöstlichen Länder bis auf US-$ 716/TEU im ersten Quartal 1999. Bis zum Ende 1999 stiegen die Raten zwar infolge einer anziehenden Konjunktur in Fernost wieder um 8 % auf durchschnittlich US-$ 775/TEU, die angekündigten Ratenerhöhungen des Eastbound-Managements (EMA) der FEFC um US-$ 150 je Box zum 1. Juli 1999 und US-$ 200/Box zum 1. Oktober 1999 hatten aber keinen außerordentlichen Einfluss auf das Ratenniveau. Im Westbound-Verkehr profitierten die Reeder hingegen von den schwachen Wechselkursen der asiatischen Länder und den daraus resultierenden starken Exportvolumen sowie von hohen Auslastungsgraden ihrer Schiffe. Das Asia Westbound Rate Agreement (AWRA) der FEFC beschloss daher, in den Jahren 1998 und 1999 die Frachtraten viermal zu erhöhen, und zwar um insgesamt US-$ 650/TEU.[302] Die Westbound-Raten stiegen vom zweiten Quartal 1998 bis zum Ende des Jahres 1999 von US-$ 1.227/TEU um US-$ 385 auf US-$ 1.612/TEU. Dies bedeutet, dass sich etwa 59 % der angestrebten Preiserhöhungen seitens der FEFC auch im durchschnittlichen Marktpreis des Berichtszeitraumes wiederfinden.

---

[302] 1.7.98: US-$ 150/300 je TEU/FEU; 1.10.98: US-$ 150/300 je TEU/FEU; 1.1.99: US-$ 200/400 je TEU/FEU; 1.4.99: US-$ 150/300 je TEU/FEU. Vgl. CI (1998); Heft Dezember, S. 9 und CI (1999), Heft März, S. 6.

5 WETTBEWERBSPOLITISCHE BEWERTUNG

Die Ausführungen bezüglich der Container-Linienschifffahrt auf der Nordatlantik-Route im vierten Kapitel haben gezeigt, dass das Vorgehen der EU-Kommission sowie der US-amerikanische OSRA von 1998 das Wettbewerbsverhalten der Containerreedereien stark beeinflusst haben: Das TACA ist im Wesentlichen auseinandergefallen. In diesem Zusammenhang soll u.a. nochmals diskutiert werden, ob es sich bei der Nordatlantik-Containerschifffahrt grundsätzlich um einen bestreitbaren Markt handelt, oder ob wettbewerbspolitische Maßnahmen zu einer Intensivierung des Wettbewerbs beigetragen haben. Würde dieser Markt nämlich vollkommen bestreitbar sein, so wären keine wettbewerbspolitischen Maßnahmen erforderlich bzw. wirkungslos, da der Markt ohne staatliche Interventionen zu einem Wohlfahrtsoptimum tendiert.

Trotz einer relativ starken Position des TAA/TACA, insbesondere bis zum Jahre 1997, erhöhte sich die Anzahl der sich im Nordatlantik-Markt befindlichen Reedereien von 1991 bis 1999 von 20 auf 26, was als Hinweis auf eine Bestreitbarkeit dieses Marktes gewertet werden kann. Offensichtlich bestanden trotz einer relativ starken Konferenz keine substanziellen Marktein- und –austrittsbarrieren. Wenn zudem berücksichtigt wird, dass (noch) keine Post-Panamax-Schiffe mit entsprechender Faktorspezifität auf dieser Route eingesetzt werden, so kann dies als weiteres Indiz für eine eventuelle Bestreitbarkeit der Nordatlantik-Containerschifffahrt herangezogen werden.

Allerdings ist hier eine differenzierte Betrachtungsweise notwendig. Wie bereits in dem Abschnitt 3.2 des vorherigen Kapitels deutlich gemacht wurde, wuchsen die dynamischen Kapazitäten auf der Nordatlantik-Route von 1993 bis 1996 relativ schwach, und dies in einer Periode, in welcher das TAA/TACA eine starke Position auf dem Nordatlantik-Verkehr innehatte. In diesem Zusammenhang wurde unterstellt, dass die Outsider womöglich stillschweigend die Konferenzpolitik gebilligt und z.T. übernommen haben. Ein steigendendes Frachtratenniveau von Anfang 1994 bis Ende 1996 sowohl East- als auch Westbound verstärken die These einer mächtigen Nordatlantik-Konferenz, der es gelang, auch Outsider von der Richtigkeit ihrer Konferenzpolitik zu überzeugen.

Im Rahmen des OSRA von 1998 wurde den Konferenz-Mitgliedsreedereien das Recht eingeräumt, unabhängig von den Konferenzregeln vertrauliche Service-Contracts mit den Verladern auszuhandeln. Dieses Recht ist ein essenzieller Bestandteil des OSRA, da es die Konferenzdisziplin nicht unerheblich schmälert. Die Regelung der vertraulichen Service-Contracts stellt im Prinzip eine Erweiterung der Independent Action dar. Einzelne Konferenz-Mitgliedsreedereien können sich nun wie Outsider verhalten. Da auf der Nordatlantik-Route Service-Contracts sehr dominant sind, wird im Rahmen des OSRA eine Unterscheidung zwischen Konferenz- und Outsider-Reedereien zunehmend obsolet. Dies kann als entscheidender Erklärungsbeitrag gesehen werden, warum im Jahre 1998 viele Konferenz-Reedereien das TACA verlassen haben.

Es kann an dieser Stelle festgehalten werden, dass die Wettbewerbsentwicklung der neunziger Jahre auf der Nordatlantik-Route überhaupt nicht oder höchstens partiell anhand der Theorie der Contestable Markets erklärt werden kann. Vielmehr wurde aufgezeigt, dass die ergriffenen wettbewerbspolitischen Maßnahmen in das Zentrum rücken und entscheidend zur Wettbewerbsentwicklung beigetragen haben. Jedoch ist an den Wettbewerbsgesetzen und –verordnungen auch Kritik zu formulieren. Diese Kritik zielt insbesondere auf die Me-too-Regelung des OSRA, auf die grundsätzliche Tolerierung der Fixierung der THC seitens der Konferenzen sowie auf die im OSRA im Vergleich zu den EU-Verordnungen widersprüchlichen Auslegungen bezüglich der Hinterlandtransporte.

Die Me-too-Klausel besagte, dass sich ein Verlader bereits auf mit anderen Verladern abgeschlossene Service-Contracts berufen und eine Gleichbehandlung einfordern konnte. Die Abschaffung dieser Regelung ermöglicht es den Reedereien, verstärkt Preisdifferenzierungen zwischen Groß- und Kleinverladern vorzunehmen. Da den Großverladern sicherlich eine gewisse Marktmacht eingeräumt werden muss, besteht hier das Risiko, dass Preiszugeständnisse der Reedereien an die Großverlader schließlich durch erhöhte Frachtraten im Marktsegment „Kleinverlader“ ausgeglichen werden.

Völlig unverständlich und widersprüchlich ist die wettbewerbspolitische Haltung gegenüber den THC. Zwar wird immer wieder argumentiert, dass die THC nicht zur Seefrachtrate gehören und aus diesem Grunde nicht unter die Wettbewerbsregelungen bezüglich der Schifffahrtskonferenzen gehört, andererseits geht beispielsweise die EU-Kommission aber zunehmend gegen die Preisfestsetzung der Hinterlandtransporte vor, die sicherlich auch nicht unmittelbarer Bestandteil der Seefrachtrate ist. Zwar können auch im Falle der THC Großverlader aufgrund ihrer Marktmacht ihre Interessen durchsetzen. Die Haltung der US-amerikanischen und europäischen Wettbewerbspolitik vernachlässigt dennoch abermals die Kleinverlader.

In Bezug auf die Preisfixierung der Hinterlandtransporte stehen EU- und US-Wettbewerbspolitik gegensätzlich zueinander. Der OSRA toleriert diese Praxis. Einerseits kann sicherlich argumentiert werden, dass die Hinterlandtransporte unter ausgeprägten Wettbewerbsbedingungen stattfinden, die das Erzielen von Super-Normal-Profits nahezu ausschließen. Andererseits besteht aber das Risiko, dass solche Hinterlandtransporte aus Erlösen und Gewinnen einer anderen Komponente der Containertransportkette (z.B. THC) quer subventioniert werden. Der traditionelle Seehafenspediteur, der sich auf die Organisation und Abwicklung der Hinterlandverkehre spezialisiert hat, wird so immer stärker vom Markt verdrängt.

Im Rahmen einer abschließenden Interpretation der Wettbewerbsentwicklung auf der Fernost-Route ist grundsätzlich als problematisch anzumerken, dass infolge der Asienkrise sowie den daraus resultierenden Wechselkursverschiebungen erhebliche Sonderfaktoren diesen Markt beeinflusst haben. Die nachfolgende abschließende Diskussion der Containerschifffahrt auf der Fernost-Route soll vor allem im Zusammenhang mit der Einführung der Post-und Super-Post-Panamax-Schiffe sowie den dazugehörigen Wettbewerbsstrategien der Linienreedereien durchgeführt werden

Die Dichte- und Skalenvorteile solcher Jumbo-Schiffe in Kombination mit einer Verdrängungsstrategie insbesondere der Global Player führten dazu, dass Reedereien aus dem Fernost-Markt ausgetreten sind und kleinere Schiffe in andere Fahrtgebiete transferiert wurden. Ob der isolierte Einsatz von Post- oder Super-Post-Panamax-Schiffen mittel- bis langfristig auch einen entscheidenden Wettbewerbsvorteil im Sinne von höheren Gewinnmargen gewährleistet, ist aber mehr als fragwürdig.

Zwar resultieren aus Dichte- und Skaleneffekten Stückkostenvorteile, die c.p. höhere Gewinne je Ausbringungseinheit implizieren. Es kann aber nicht davon ausgegangen werden, dass das Ratenniveau konstant bleibt. Nahezu alle großen Reedereien, Konferenzmitglieder wie Outsider, haben die großen Jumbo-Schiffe geordert bzw. bereits eingesetzt. Da diese Schiffe ökonomisch sinnvoll lediglich noch in der Transpazifik-Schifffahrt eingesetzt werden können, ist eine sehr hohe Faktorspezifität der Post-Panamax-Schiffe anzunehmen: Die Jumbo-Schiffe können nicht ohne weiteres aus dem Markt herausgenommen werden, so dass auch der Druck auf das Frachtratenniveau zunehmen bzw. anhalten wird. Zudem ist zu berücksichtigen, dass Faktorspezifität für die großen Reedereien offensichtlich kein Entscheidungskriterium darstellt, solche Schiffe in Auftrag zu geben und einzusetzen.

Da der isolierte Einsatz von Post- und Super-Post-Panamax-Schiffen allein mittel- bis langfristig keine überragende Wettbewerbsposition sicherstellen kann, ist an dieser Stelle zu überlegen, ob der Einsatz von Jumbo-Schiffen in Kombination mit Dedicated Terminals den Containerreedereien Wettbewerbsvorteile sichern kann.

In diesem Zusammenhang ist festzustellen, dass Containerterminals ohne jeden Zweifel eine signifikante Faktorspezifität besitzen und somit sehr hohe Sunk Costs aufweisen, und dies aus zweierlei Gründen: Zum einen gibt es für einen errichteten Containerterminal keine alternative Verwendungsmöglichkeit, zum anderen kann ein Terminal nicht in andere Märkte transferiert werden. Bei Dedicated Terminals oder auch Priority Berthing besteht die Gefahr, dass andere Linienreedereien entweder gar keinen Zugang zu den Terminals haben oder im Rahmen eines Zugangs diskriminiert werden.

Als allgemein zu beobachtender Trend zeichnet sich ab, dass die Containerreedereien immer stärker in den Terminalbetrieb vertikal integrieren. Auch hier ist die Wettbewerbspolitik eindeutig gefordert, einen diskriminierungsfreien Zugang zu den Terminals für alle Reedereien sicherzustellen, zudem hier noch zu berücksichtigen ist, dass die Terminalinfrastruktur überwiegend durch die öffentliche Hand finanziert wird.

Die Etablierung globaler strategischer Allianzen ist als eine weitere Entwicklung der Container-Linienschifffahrt während der neunziger Jahre anzusehen. Globale strategische Allianzen ersetzen zunehmend die traditionellen Konsortien. Das Beispiel Maersk-Sealand hat gezeigt, dass solche Kooperationen auch als Vorstufe zur Konzentration durch Fusion dienen. Ob nunmehr mit einer Konzentrationswelle in den nächsten 5 bis 10 Jahren zu rechnen ist, bleibt kritisch abzuwarten. Hierbei ist nämlich zu berücksichtigen, dass die Container-Schifffahrtsgesellschaften größtenteils in Konzerne eingegliedert sind, was insbesondere feindliche Übernahmen unmöglich macht. Zudem müssen Fusionen auch Sinn machen. Maersk hat beispielsweise Sealand insbesondere deswegen übernommen, da Sealand bereits sehr stark im Terminalgeschäft tätig war, und Maersk gerade in den neunziger Jahren eine Ausweitung der Terminalaktivitäten betrieben hat.

Im Zusammenhang mit der Diskussion um die Marktmacht von Konferenzen oder Global Playern ist jedoch auch in jedem Falle die Marktmacht der Verlader zu diskutieren. Großverlader verfügen über z.T. erhebliche Aufkommen von Containerverschiffungen. Es fragt sich, inwiefern die Großverlader nicht schon heute über eine ausgeprägte Marktmacht verfügen und die Preise den Containerreedereien bereits mehr oder weniger diktieren. Da bezüglich der Konzentration auf der Verladerseite bislang keine ausreichenden Untersuchungen vorliegen, sollte sich die Forschung auch verstärkt mit diesem Aspekt auseinandersetzen, um so weitere wichtige Erkenntnisse zur wirtschaftspolitischen Diskussion im Rahmen der Container-Linienschifffahrt beizutragen.

6 ZUSAMMENFASSUNG

1) Die Einführung des Containers führte zu einer Rationalisierung der Seetransporte von konventionellen Stückgütern und somit auch zu sinkenden Transportkosten. Sinkende Transportkosten wiederum ermöglichen den Unternehmen die Ausnutzung von Scale-Economies und implizieren eine steigende Wettbewerbsintensität, Marktstrukturveränderungen sowie Wachstumsprozesse.

2) Die Fahrtgebiete Fernost, USA und Europa/Mittelmeer dominieren den weltweiten Containerverkehr. Hierbei ist aber zu berücksichtigen, dass andere Regionen und Fahrtgebiete z.T. überproportionale jährliche Wachstumsraten im Containerverkehr aufweisen und somit zunehmend Marktanteile gewinnen.

3) Die heutigen Global Carrier, die traditionell insbesondere auf den ausgedehnten Ost-West-Routen operierten, versuchen verstärkt, Marktanteile auf volumenmäßig kleineren Nord-Süd-Routen zu gewinnen.

4) Aufgrund der Realisierung von Dichte- und Skalenvorteilen stiegen die durchschnittlichen TEU-Kapazitäten der Vollcontainerschiffe seit der kommerziellen Einführung des Containers Ende der sechziger Jahre stetig an. Zunehmende Seestreckendistanz, erhöhte Terminalproduktivitäten, sinkende Schiffsgeschwindigkeiten sowie eine Reduzierung der Anzahl der Anlaufhäfen rechtfertigen den Einsatz größerer Ladekapazitäten.

5) Um die größten Schiffe auch weiterhin abfertigen zu können, müssen die Terminals im Rahmen infra- und suprastruktureller Anpassungsmaßnahmen über tiefere Wasserstraßen und Liegeplätze verfügen sowie in längere Kais und neue Dimensionen von Containerbrücken investieren.

Zudem ist es notwendig, Produktivitätsverbesserungen sowohl beim Umschlag als auch bei der Prozessoptimierung des Containers innerhalb der Terminals zu erreichen, damit steigende Containervolumen nicht zu einer „Verstopfung" der Terminals führen.

6) Im Rahmen des Aufbaus von Transportketten und optimalen Netzwerkstrukturen haben Hub-and-Spoke-Systeme eine immer stärker werdende Bedeutung erlangt. H/S-Systeme bieten einerseits aufgrund von Bündelungseffekten Kostenvorteile gegenüber den klassischen Direktverkehren, andererseits sind die Verlader auch immer weniger bereit, für die schnelleren Direktverkehre eine zusätzliche „Zeitgewinnprämie" auf die Seefrachtrate zu zahlen.

7) Im Zuge einer verstärkten Implementierung von H/S-Systemen in die Netzwerkstrategien der Reedereien haben sich die Transhipment- und Feeder-Verkehre insbesondere in Nordwesteuropa und Fernost nachhaltig ausgeweitet.

8) Die Containerhinterlandverkehre werden sowohl in den USA als auch in Nordwesteuropa vom Lkw dominiert. Lediglich die Container-Rheinschifffahrt konnte infolge der außergewöhnlichen nautischen Möglichkeiten substanzielle Marktanteile gewinnen. In Fernost spielen die terrestrischen Hinterlandverkehre eine untergeordnete Rolle, da viele Wirtschaftszentren an der Küste liegen und über eigene Häfen verfügen.

9) Mit Hilfe von strategischen Allianzen und Fusionen versuchen die Reedereien, Synergieeffekte durch Rationalisierungsmaßnahmen zu erreichen. Mit den eingesetzten Großcontainerschiffen streben die Reedereien zudem eine umfassende Kostenführerschaft an. Eine angemessene Kapazitätsauslastung dieser Schiffe impliziert aber auch einen ausge-

prägten Preiswettbewerb, wobei insbesondere Reedereien mit kleineren Schiffseinheiten aus dem Markt gedrängt werden.

10) Diese Verdrängungsstrategie kann den Unternehmen aber nur dann eine nachhaltige Wettbewerbsposition sichern, wenn hohe Marktzutrittsschranken existieren und somit die Durchsetzung überhöhter Preise nach der Verdrängung möglich ist.

11) Die Kontrolle der Landtransportketten ermöglicht es den Reedern, komplette Logistiklösungen im Rahmen von Haus-Haus-Verkehren anzubieten. Bezüglich der Erlös- und Kostenstruktur der Containertransportkette lässt sich konstatieren, dass die THC die Terminalkosten bei weitem übersteigen und somit Extraerlöse für die Reedereien darstellen.

12) Mittels integrierter Preisgestaltung können die Reedereien ihre Gewinne erhöhen und die Transportkette per se zu einem günstigeren Gesamtpreis anbieten, wobei die Anzahl der nachgefragten Transportketten steigt. Zudem wird durch integrierte Preisgestaltung eine bessere Möglichkeit zur Preisdifferenzierung erreicht.

13) Bei den Routing-Strategien kann grundsätzlich zwischen so genannten Shuttle-Diensten, RTW-Diensten sowie Pendel- und Dreiecksverkehren unterschieden werden. Welche von den Reedereien gewählte Routing-Strategie auch ökonomisch sinnvoll ist, hängt insbesondere von den geographischen Begebenheiten sowie der Fragestellung ab, welche Fahrtgebiete vorteilhaft miteinander verknüpft werden können.

14) Bezüglich des Marktverhaltens auf den Seehafenmärkten versuchen die Reedereien in verstärktem Maße, Priority-Berthing-Rechte auszuhandeln sowie sich Dedicated Terminals einrichten zu lassen. Dedicated Terminals sind bislang vor allem in Fernost sowie an der US-Westküste anzutreffen.

15) Bei der Ausgestaltung von Terminal-Lease-Verträgen kann nach der Form der Kompensationszahlungen zwischen Flat-Rate-Lease, Mini-max-Lease und Shared-Revenue-Lease unterschieden werden. Flat-Rate-Lease wird von den Reedern bei relativ hohen und stabilen Umschlagwachstumsraten bevorzugt. Bei Schwankung bezüglich des Containerumschlags innerhalb einer definierten Bandbreite ist Mini-max-Lease von Vorteil. Unterliegt der Containerumschlag erheblichen Schwankungen, so wird der Reeder die Vertragsform des Shared-Revenue-Lease wählen.

16) Durch die Verordnung (EWG) Nr. 4056/86 haben Linienkonferenzen eine Gruppenfreistellung vom grundsätzlichen Kartellverbot des EG-Vertrages erhalten. Im Jahre 1995 bekamen auch die Konsortien durch die Verordnung (EWG) 870/95 eine Gruppenfreistellung zuerkannt, welche durch die Verordnung (EG) Nr. 823/2000 bis April 2005 verlängert wurde.

17) Die Verordnung Nr. 4056/86 erlaubt es den Konferenzen, Preisabsprachen vorzunehmen. In Bezug auf eventuelle Kapazitätsvereinbarungen sind die Bestimmungen in den Verordnungen Nr. 4056/86 sowie Nr. 823/2000 so auszulegen, dass nur solche abgestimmten Kapazitätsregelungen zulässig sind, die der Effizienz der Liniendienste zugute kommen und nicht auf die Nichtnutzung vorhandener Kapazitäten abzielen.

18) Der US-amerikanische OSRA von 1998 stellt im Wesentlichen eine Weiterentwicklung des Shipping Act von 1984 dar. Allerdings sind den einzelnen Konferenzmitgliedern weitreichendere individuelle Rechte eingeräumt worden, womit die Möglichkeiten der Konferenzen, ihre Mitglieder zu disziplinieren, zunehmend ausgehöhlt wurden.

19) Bei der Container-Linienschifffahrt auf der Nordatlantik- und Fernost-Route handelt es ich wettbewerbstheoretisch um ein homogenes Oligopol, bei dem in erster Linie Kapazitätswettbewerb betrieben wird.

20) Das COURNOT- sowie das STACKELBERG-Modell charakterisieren als homogene Oligopolmodelle bei Mengenstrategie den Wettbewerb auf den relevanten Container-Schifffahrtsmärkten theoretisch am adäquatesten.

21) Der entscheidende Unterschied zwischen COURNOT- und STACKELBERG-Modell ist, dass die Marktteilnehmer beim STACKELBERG-Modell sequenziell ihre Entscheidungen über ihre Angebotsmengen fällen, im Gegensatz zum COURNOT-Modell, wo die Entscheidungen simultan erfolgen. Zudem bewirkt der sequenzielle Mengenwettbewerb im STACKELBERG-Modell eine wohlfahrtstheoretische Verbesserung.

22) Die Theorie der Contestable Markets ist eine Weiterentwicklung des Referenzmodells vollständige Konkurrenz. Die Prämisse der unendlich großen Anbieterzahl entfällt, ohne dass Wohlfahrtsverluste hinzunehmen sind. Aus diesem Grunde kann die Theorie der Contestable Markets ebenfalls als theoretischer Beitrag zur Oligopoltheorie aufgefasst werden.

23) Die Theorie der Contestable Markets konzentriert sich u.a. auf die Existenz von Sunk Costs als Marktaustrittsbarriere. Das Vorliegen substanzieller Sunk Costs gefährdet eine positive Markteintrittsentscheidung potenzieller Konkurrenten. Ausgeprägte Faktorspezifität der größten Containerschiffe implizieren aber das Risiko nachhaltiger Sunk Costs. Deshalb ist die Theorie der Contestable Markets als wettbewerbstheoretisches Erklärungsmodell für die Analyse der Container-Linienschifffahrt auf den relevanten Fahrtrouten unverzichtbar.

24) Bis Mitte der neunziger Jahre hatte das TAA/TACA aufgrund eines erfolgreichen Kapazitätsmanagements eine relativ starke Position auf der Nordatlantik-Route inne. Durch das rigorosere Vorgehen der EU-Kommission gegen das Trans-Atlantic Conference Agreement in Kombination mit der Verabschiedung des US-amerikanischen OSRA zerfiel das TACA weitgehend im Jahre 1998. Bis zum Jahre 1999 wurden auf der Nordatlantik-Route keine Post-Panamax-Schiffe eingesetzt. Im Zeitraum von 1995 bis 1999 fiel das Frachtratenniveau sowohl East- als auch Westbound, was durch den wettbewerbspolitischen Druck auf das TACA erklärt werden kann.

25) Auf der Fernost-Route ist seit Mitte der neunziger Jahre eine stärkere Position der FEFC zu verzeichnen. Zudem sind die großen globalen strategischen Allianzen auch in der FEFC vertreten. Die starke Ausweitung der dynamischen Kapazitäten seitens der Konferenz lässt auf einen intensivierten Verdrängungswettbewerb schließen. Mitte der neunziger Jahre wurden die ersten Post-Panamax-Schiffe auf der Fernost-Route eingesetzt. Seit 1994 weist das Frachtratenniveau auf dieser Relation eine starke Volatilität auf. Diese Volatilität ist insbesondere vor dem Hintergrund der Asienkrise zu sehen, und weniger infolge von veränderten wettbewerbspolitischen Rahmenbedingungen und strategischen Verhaltensweisen der Containerreedereien.

Literaturverzeichnis

ABERLE, G. (1992): Wettbewerbstheorie und Wettbewerbspolitik (2. Auflage), Stuttgart, Berlin, Köln.

ASCHINGER, G. (1984): Contestable Markets – Ein neuer Weg zur Charakterisierung des Wettbewerbs und der Industriestruktur, in: Wirtschaftswissenschaftliches Studium, Jg. 13, Nr. 5, S. 217-223.

BAIRD, A. J. (1996): Containerization and the decline of the upstream urban port in Europe, in: Maritime Policy and Management, Vol. 23, Nr. 2, S. 145-156.

BAIRD, A. J. (1997): Rejoinder - Extending the lifecycle of container mainports in upstream urban locations, in: Maritime Policy and Management, Vol. 24, Nr. 3, S. 299-301.

BAKER, C. (1999): Altenwerder – the details, in: Port Development International, Vol. 15, Nr. 7, S. 24-25.

BARTLING, H. (1980): Leitbilder der Wettbewerbspolitik, München.

BAUER, F. (1998a): „Ratenvorteile für die Großen müssen die Kleinen ausgleichen" – Reformgesetz mit Haken und Ösen, in: Deutsche Verkehrs-Zeitung, Jg. 52, Nr. 122, 13.10.98, S. 12.

BAUER, F. (1998b): Konferenzen in Frage, in: Deutsche Verkehrs-Zeitung, Jg. 52, Nr. 149, 15.12.98, S. 8.

BAUER, F. (1998c): US-Schiffahrtsreform – Die Verlader sind die eindeutigen Gewinner, in: Deutsche Verkehrs-Zeitung, Jg. 52, Nr. 149, 15.12.98, S. 8.

BAUER, F. (1999): Reeder vertrauen oft dem Lkw - Erst ab 1000 km geht die Bahn ins Rennen, in: Deutsche Verkehrs-Zeitung, Jg. 53, Nr. 46, S. 16-17 (Sonderbeilage Multimodaler Transport).

Baumol, W. J. / Panzar, J. C. / Willig, R. D. (1982): Contestable Markets and The Theory of Industry Structure, New York et al.

Beddow, M. (1998): Carrier vs Merchant Haulage, in: Containerisation International, Vol. 31, Nr. 11, S. 83-85.

Beddow, M. (1999a): Door-to-door ?, in: Containerisation International, Vol. 32, Nr. 5, S. 55.

Beddow, M. (1999b): Hauling for the lines, in: Containerisation International, Vol. 32, Nr. 9, S. 71-73.

Bendall, H. B. / Stent, A. F. (1996): Hatchcoverless container ships: Productivity gains from a new technology, in: Maritime Policy and Management, Vol. 23, Nr. 2, S. 187-199.

Bittlingmayer, G. (1990): Efficiency and Entry in a Simple Airline Network, in: International Journal of Industrial Organization, Vol. 8, S. 245-257.

Blair, R. D. / Kaserman, D. L. (1983): Law and Economics of Vertical Integration and Control, New York et al.

Boes, M. F. (1999): Vorschußlorbeeren nicht erfüllt - Wenig Anlaß zu Optimismus, in: Deutsche Verkehrs-Zeitung, Jg. 53, Nr. 46, S. 17 (Sonderbeilage Multimodaler Transport).

Bonney, J. (1998): Shipping reform: Ready, set ..., in: American Shipper, Vol. 40, Nr. 9, S. 8-12.

Brealey, R. A. / Myers, S. C. (1991): Principles of Corporate Finance (4th Edition), New York et al.

Breitzmann, K.H. et al. (1993): Containerlinienschiffahrt- Strukturen und Perspektiven des seewärtigen Containerverkehrs aus technisch-technologischer, organisatorisch-informationeller, wirtschaftlicher und kommerziell-rechtlicher Sicht (Rostocker Beiträge zur Verkehrswissenschaft und Logistik), Rostock.

BUNDESMINISTER FÜR VERKEHR (HRSG.): Verkehr in Zahlen, verschiedene Jahrgänge, Bonn.

BURSTEIN, M. (1960): A Theory of Full-Line Forcing, in: Northwestern University Law Review, Vol. 55, S. 62-95.

CANNA, E. (1994): TAA bows to Brussels, in: American Shipper, Vol. 36, Nr. 8, S. 26-28.

CANNA, E. (1996): China's intermodal boom-to-be, in: American Shipper, Vol. 38, Nr. 1, S. 65.

CARGO SYSTEMS (1998): Opportunities for Conatiner Ports – a Cargo Systems report, London.

CAVES, R. E. / JONES, R. W. (1973): World Trade and Payments, Boston.

CHARLIER, J. J. / RIDOLFI, G. (1994): Intermodal transportation in Europe: of modes, corridors and nodes, in: Maritime Policy and Management, Vol. 21, Nr. 3, S. 237-250.

CHEN, T. (1998): Land utilization in the container terminals: a global perspective, in: Maritime Policy and Management, Vol. 25, Nr. 4, S. 289-303.

CHEN, T. (1999): Yard operations in the container terminal - a study in the ‚unproductive moves', in: Maritime Policy and Management, Vol. 26, Nr. 1, S. 27-38.

CLARKE, R. L. (1997): An Analysis of the International Ocean Shipping Conference System, in: Transportation Journal, Vol. 38, S. 17-29.

COMTOIS, C. (1994): The evolution of containerization in East Asia, in: Maritime Policy and Management, Vol. 21, Nr. 3, S. 195-205.

Containerisation International (Hrsg.): Containerisation International Yearbook, verschiedene Jahrgänge, London.

Containerisation International, diverse Ausgaben.

Containerisation International (1997): Hardware market analysis - Ship-to-shore gantry cranes, London.

Crichton, J. (1998): THC – Cost Recovery or Daylight Robbery, in: Containerisation International, Vol. 31, Nr. 3, S. 43-47.

Cullinane, K. / Khanna, M. (1999): Economies of Scale in Large Container Ships, in: Journal of Transport Economics and Policy, Vol. 33, S. 185-208.

Davies, J. (1978): The competitive environment of liner conferences, in: Maritime Policy and Management, Vol. 5, Nr. 2, S. 97-106.

Davies, J. E. (1985): The Theory of Contestable Markets and Its Application to the Liner Shipping Industry (Canadian Transport Commission, Ottawa).

Davies, J. E. (1986): Competition, contestability and the liner shipping industry, in: Journal of Transport Economics and Policy, Vol. 20, Nr. 3, S. 299-312.

Davies, J. E. (1987): On the nature and sources of controversy in the economic analysis of the liner shipping industry, in: Maritime Policy and Management, Vol. 14, Nr. 3, S. 249-261.

Davies, J. E. (1988): Contestability theory and liner shipping – some doubts on Pearson's doubts, Maritime Policy and Management, Vol. 15, Nr. 1, S. 15-18.

Davies, J. E. (1989): Impediments to Contestability in Liner Markets, in: Logistics and Transportation Review, Vol. 25, Nr. 4, S. 325-342.

Davies, J. E. (1990): Promoting competition and market performance in liner shipping, in: Marine Policy, Vol. 14, Nr. 6, S. 477-483.

DAVISON, D. (1998): Transatlantic Transition, in: Containerisation International, Vol. 31, Nr. 12, S. 45-49.

DAVISON, D. (1999): Stand and deliver ?, in: Containerisation International, Vol. 32, Nr. 5, S. 59-61.

DEAKIN, B. M. (1974): Shipping Conferences – Some Economic Aspects of International Regulation, in: Maritime Studies and Management, Vol. 2, Nr. 1, S. 5-31.

DEAKIN, R. M. / SEWARD, T. (1973): Shipping Conferences – A Study of their Origins, Development and Economic Practices, Cambridge University Press, Cambridge.

DEMMLER, H. (1992): Grundlagen der Mikroökonomie, München.

DOWD, T. J. (1984): US container terminal leasing and pricing, in: Maritime Policy and Management, Vol. 11, Nr. 4, S. 277-288.

DOWD, T. J. (1993): Container Terminal Leasing/Pricing Methods and Their Economic Effects, in: Ports & Harbors, Vol. 38, Nr. 7, September, S. 14-19.

DOWD, T. J. / LESCHINE, T. M. (1990): Container terminal productivity: a perspective, in: Maritime Policy and Management, Vol. 17, Nr. 2, S. 107-112.

DREWRY SHIPPING CONSULTANTS (1992): Container Market Profitability to 1997 – Will stabilisation agreements save carriers from checkmate ?, London.

DREWRY SHIPPING CONSULTANTS (1996a): Post-Panamax Containerships: 6,000 TEU and Beyond, London.

DREWRY SHIPPING CONSULTANTS (1996b): Global Container Markets – Prospects and Profitability in a High Growth Era, London.

DREWRY SHIPPING CONSULTANTS (1997): Short Sea Container Markets – The Feeder and Regional Trade Dynamo, London.

Drewry Shipping Consultants (1999): North European Container Ports: A „$2 Billion Plus" Industry Adapts to Change, London.

Edmond, E. D. / Maggs, R. P. (1975): Container ship turnaround times at UK ports, in: Maritime Policy and Management, Vol. 4, Nr. 1, S. 3-19.

Eller, D. (1996): German ports' intermodal stretch, in: Containerisation International, Vol. 29, Nr. 7, S. 74-77.

Eller, D. (1999): Dublin-St Louis rates mystery, in: Containerisation International, Vol. 32, Nr. 2, S. 42-43.

Eurokai (1998): Jahresbericht, Hamburg.

Evans, J. J. (1975): Liner freight rates, discrimination and cross-subsidization, in: Maritime Policy and Management, Vol. 4, Nr. 4, S. 227-233.

Eyre, J. L. (1989): The Containerships of 1999, in: Maritime Policy and Management, Vol. 16, Nr. 2, S. 133-145.

Feess, E. (1997): Mikroökonomie – Eine spieltheoretisch- und anwendungsorientierte Einführung, Marburg.

Fehl, U. (1985): Das Konzept der Contestable Markets und der Marktprozeß, in: Bombach, G. / Gahlen, B. / Ott, A. E. (Hrsg): Industrieökonomik: Theorie und Empirie, Tübingen, S. 29-49.

Fehl, U. / Oberender, P. (1994): Grundlagen der Mikroökonomie (6. Auflage), München.

Fossey, J. (1999): Small is beautiful, in: Containerisation International, Vol. 32, Nr. 6, S. 84-85.

Fossey et al (2000): The Drewry Annual Container Market – Review & Forecast 2000, London.

FOXCROFT, A. (1999): Extra post-Panamax rush continues, in: Containerisation International Yearbook 1999, London, S. 18.

GARDINER, P. (1997): The Liner Market 1997/98- New alliances and the new era (Lloyd's Shipping Economist Management Reports), Totton, Hampshire.

GARROD, P. / MIKLIUS, W. (1985): The Optimal Ship Size - A Comment, in: Journal of Transport Economics and Policy, Vol. 19, S. 83-90.

GELMAN, J / SALOP, S. (1983): Judo Economics: Capacity Limitation and Coupon Competition, in: Bell Journal of Economics, Vol. 14, S. 315-325.

GILLIS, C. / DAMAS, P. (1998): Intermodal or all-water, in: American Shipper, Vol. 40, Nr. 10, S. 66-70.

GILMAN, S. (1975): The choice of ship size on deep-sea general cargo routes, in: Maritime Studies and Management, Vol. 3, Nr. 2, S. 95-102.

GILMAN, S. (1983): The competitive dynamics of container shipping, Aldershot.

GRAHAM, M. G. (1994): Comment – Scale and rationalization in container shipping, in: Maritime Policy and Management, Vol. 21, Nr. 4, S. 331-337.

GRAHAM, M. G. / HUGHES, D. O. (1985): Containerisation in the eighties, London.

GROSSMAN, W. L. (1956): Ocean Freight Rates, Cambridge.

GRUBEL, H. G. (1977): International Economics, Homewood, Illinois.

HAMM, W. (1988): Verkehr II: Aufgaben und Organisation, in: ALBERS, W. / BORN, K. E. / DÜRR, E. ET AL. (HRSG): Handwörterbuch der Wirtschaftswissenschaft (HdWW), Bd. 8, Stuttgart, New York, Tübingen et al., S. 238-244.

Hayuth, Y. / Fleming, D. K. (1994): Concepts of strategic commercial location: the case of container ports, in: Maritime Policy and Management, Vol. 21, Nr. 3, S. 187-193.

Heaver, T. D. (1973): A Theory of Shipping Conference Pricing and Policies, in: Maritime Studies and Management, Vol. 1, Nr. 1, S. 17-30.

Heaver, T. D. / Studer, K. R. (1972): Ship Size and Turnaround Time - Some Empirical Evidence, in: Journal of Transport Economics and Policy, Vol. 6, Nr. 1, S. 32-50.

Hedderich, A. (1996): Vertikale Desintegration im Schienenverkehr – Theoretische Basisüberlegungen und Diskussion der Bahnstrukturreform in Deutschland (Band 11 der Gießener Studien zur Transportwirtschaft und Kommunikation), Hamburg.

Hegemann, H. (1986): Die Contestable Markets-Theorie, in: Das Wirtschaftsstudium, Jg. 15, S. 585-587.

Institut für Seeverkehrswirtschaft und Logistik (ISL) (Hrsg.): Shipping Statistics Yearbook, verschiedene Jahrgänge, Bremen.

Jansson, J. O. / Shneerson, D. (1982): The Optimal Ship Size, in: Journal of Transport Economics and Policy, Vol. 16, S. 217-238.

Jansson, J. O. / Shneerson, D. (1987): Liner Shipping Economics, London.

Kendall, P. M. H. (1972): A Theory of Optimum Ship Size, in: Journal of Transport Economics and Theory, Vol. 6, S. 128-146.

Kim , C. K. (1987): An Innovation in Liner Shipping: Round-the-World Service as a Global Strategy (Institute of Shipping Economics and Logistics Book Series No. 13), Bremen.

KREPS, D. / SCHEINKMAN (1983): Quantity Precommitment and Bertrand Competition Yield Cournot Outcomes, in: Bell Journal of Economics, Vol. 14, S. 326-337.

KÜHNE, E. (1996): Kooperationen in der internationalen Seeschiffahrt und europäisches Kartellrecht, Frankfurt a. M.

LAING, E. T. (1975): The rationality of conference pricing and output policies. Part 1, in: Maritime Studies and Management, Vol. 3, Nr. 2, S. 103-111.

LAING, E. T. (1976): The rationality of conference pricing and output policies. Part 2, in: Maritime Studies and Management, Vol. 3, Nr. 3, S. 141-151.

LAUNHARDT, W. (1885): Mathematische Begründung der Volkswirtschaftslehre, Leipzig.

LEMPER, B. (1996): Die Funktionsfähigkeit des Marktes für Seehafencontainerumschlag in der Nordrange (Institute of Shipping Economics and Logistics Book Series No. 24), Bremen.

LIM, S.-M. (1994): Economies of container ship size: a new evaluation, in: Maritime Policy and Management, Vol. 21, Nr. 2, S. 149-160.

LIM, S.-M. (1996): Round-the-world service: The rise of Evergreen and the fall of U.S. Lines, in: Maritime Policy and Management, Vol. 23, Nr. 2, S. 119-144.

LIM, S.-M. (1998): Economies of scale in container shipping, in: Maritime Policy and Management, Vol. 25, Nr. 4, S. 361-373.

LLOYD'S OF LONDON PRESS (LLP) (HRSG.): Lloyd's Ports of the World, verschiedene Jahrgänge, London.

LLOYD'S SHIPPING ECONOMIST, diverse Ausgaben.

LORENZ, W. (1995): Leitfaden für den Spediteur in Ausbildung und Beruf – Teil 1 (15. Auflage), Hamburg.

McConnell, J. W. Jr. (1985): The U.S. Shipping Act of 1984, London et al.

McLellan, R. G. (1997): Bigger vessels: How big is too big ?, in: Maritime Policy and Management, Vol. 24, Nr. 2, S. 193-211.

MDS Transmodal (1998): The European Container Freight Market: Containers Inland, Chester.

Michaletz, T. (1994): Wirtschaftliche Transportketten mit modularen Containern - Logistisches Konzept zur intermodalen Umverteilung des Güterverkehrsaufkommens, München.

Mobley, S. (1993): EC attacks the Transatlantic Agreement, in: Lloyd's List, No. 55,424, 21.05.1993, S. 14.

Nippon Yusen Kaisha Research Division (Hrsg.): World Containership Fleet and Its Operations, verschiedene Jahrgänge, Tokyo.

Notteboom et al. (1997): Comment - Containerization and the competitive potential of upstream urban ports in Europe, in: Maritime Policy and Management, Vol. 24, Nr. 3, S. 285-289.

Ojala, L. (1995): Eastern/Western European shipping companies and multimodal transport operations, in: Maritime Policy and Management, Vol. 22, Nr. 4, S. 331-344.

Opatz, A. (1994): Das Hypothesen-Konzept der ‚kontestablen Märkte' in Anwendung auf die Container-Linienschiffahrt, Hamburg.

Ott, A. E. (1991): Grundzüge der Preistheorie (3. Auflage), Göttingen.

o.V. (1997): Does 1+1 = 1.7 ?, in: American Shipper, Vol. 39, No. 2, S. 56-57.

o.V. (1998a): Terminal Handling Charges – Umstellung auf den Euro erhöht die Transparenz, in: Deutsche Verkehrs-Zeitung, 52. Jg, Nr. 151, S. 26 (Logistik-Beilage Containerverkehr).

o.V. (1998b): „Dedicated Terminals" zugesagt – BLG-Kooperation mit Maersk und Sealand, in: THB Deutsche Schiffahrts-Zeitung, 51. Jg., Nr. 131, S. 2.

o.V. (1999a): Bedarf für Postpanamaxbrücken ?, in: Hansa, 136. Jg., Nr. 6, S. 89-92.

o.V. (1999b): Amsterdam baut einen innovativen Containerterminal, in: Haven Amsterdam, Jg. 31, Nr. 1, S. 20.

o.V. (1999c): Erster Rammschlag für Kaimauer, in THB Deutsche Schiffahrts-Zeitung, 52. Jg, Nr. 94, S. 2.

o.V. (1999d): NTB hat hohe Ziele – 350.000 TEU schon im ersten Jahr, in: Palette (Mitarbeiter-Magazin der BLG-Gruppe), Nr. 2, Mai `99, S. 6.

o.V. (1999e): Ocean Shipping Reform Act ab 1. Mai in Kraft – Neue US-Schiffahrtsgesetzgebung kontra EU-Auffassung, in: THB Deutsche Schiffahrts-Zeitung, 52. Jg., Nr. 6., S. 1.

PAWLIK, T. (1999): Seeverkehrswirtschaft: Internationale Containerlinienschiffahrt – Eine betriebswirtschaftliche Einführung, Wiesbaden.

PAYER, H. G. (1998): Große Schiffe fordern Häfen heraus, in: Deutsche Verkehrs-Zeitung, Jg. 52, Nr. 151, S. 32 (Logistikbeilage Containerverkehr).

PEARSON, R. (1987): Some doubts on the contestability of liner shipping markets, in: Maritime Policy and Management, Vol. 14, Nr. 1, S. 71-78.

PEARSON, R. / FOSSEY, J. (1983): World Deep-Sea Container Shipping, Aldershot.

PHILLIPS, F. (1996): Two slots for the price of one, in: Containerisation International, Vol. 29, Nr. 9, S. 65-67.

POECHE, J. (HRSG.) (1970): Das Konzept der »Workable Competition« in der angelsächsischen Literatur, Heft 1 der FIW-Dokumentation, Köln et al.

RATHJEN, H. (1999): Wohin führt die Wettbewerbspolitik der Schiffahrt ?, in: Internationale Transport Zeitschrift, Jg. 61, Nr. 3, S. 4-5.

ROBINSON, R. (1978): Size of Vessels and Turnaround Time - Further Evidence from the Port of Hong Kong, in: Journal of Transport Economics and Policy, Vol. 12, Nr. 2, S. 161-178.

ROBINSON, R. (1998): Asian hub/feeder nets: the dynamics of restructuring, in: Maritime Policy and Management, Vol. 25, Nr. 1, S. 21-40.

SCHMITZ, A. (1999): Hafenprivatisierung in Südamerika - Reeder verzeichnen deutliche Leistungsverbesserung, in: Deutsche Verkehrs-Zeitung, Jg. 53, Nr. 18, S. 10.

SCHNEIDER, E. (1964): Einführung in die Wirtschaftstheorie – II. Teil – Wirtschaftspläne und wirtschaftliches Gleichgewicht in der Verkehrswirtschaft (9. Auflage), Tübingen.

SCHUMANN, J (1992): Grundzüge der mikroökonomischen Theorie (6. Auflage), Berlin et al.

SHY, O. (1995): Industrial Organization – Theory and Applications, Cambridge, London.

SIEBERT, H. (1988): Zölle IV: Zollunionen und Präferenzzonen, in: ALBERS, W. / BORN, K. E. / DÜRR, E. ET AL. (HRSG): Handwörterbuch der Wirtschaftswissenschaft (HdWW), Bd. 9, Stuttgart, New York, Tübingen et al., S. 666-678.

SLACK, B. (1994): Domestic containerization and the load centre concept, in: Maritime Policy and Management, Vol. 21, Nr. 3, S. 229-236.

SLACK, B. / COMTOIS, C. / SLETMO, G. (1996): Shipping lines as agents of change in the port industry, in: Maritime Policy and Management, Vol. 23, Nr. 3, S. 289-300.

STATISTISCHES BUNDESAMT (HRSG.): Statistisches Jahrbuch für die Bundesrepublik Deutschland, verschiedene Jahrgänge, Wiesbaden.

STOPFORD, M. (1988): Maritime Economics, London.

SUTCLIFFE, P. (1998): Die Bahn muß ihre Chancen auch nutzen, in: Deutsche Verkehrs-Zeitung, Jg. 52, Nr. 151, S. 32 (Logistikbeilage Containerverkehr).

TABERNACLE, J. B. (1995): A study of the changes in performance of quayside container cranes, in: Maritime Policy and Management, Vol. 22, Nr. 2, S. 115-124.

TALLEY, W. K: (1990): Optimal Containership Size, in: Maritime Policy and Management, Vol. 17, Nr. 3, S. 165-175.

THOMAS, B. J. (1978): Port charging practices, in: Maritime Policy and Management, Vol. 5, Nr. 2, S. 117-132.

TOSTMANN, S. (1997): Containerkonsortien im Linienverkehr: Komplexe Kooperationen als Herausforderung an die Flexibilität des EG- und US-Kartellrechts, Hamburg.

VARIAN, H. (1989): Price Discrimination, in: SCHMALENSEE, R. / WILLIG, R.D. (HRSG): Handbook of Industrial Organization, Amsterdam et al., S. 597-654.

VEENSTRA, A. W. (1999): Quantitative Analysis of Shipping Markets, Delft.

VERNON, J. M. / GRAHAM, D. A. (1971): Profitability of Monopolization by Vertical Integration, in: Journal of Political Economy, Vol. 79, S. 924-925.

WEIMANN, L. C. (1998): Markteintrittsbarrieren im europäischen Luftverkehr – Konsequenzen für die Anwendbarkeit der Theorie der Contestable markets (Band 14 der Gießener Studien zur Transportwirtschaft und Kommunikation), Hamburg.

WÖHE, G. (1993): Einführung in die Allgemeine Betriebswirtschaftslehre (18. Auflage), München.

WÖRNLEIN, P. (1995): Containerschiffahrt: Vor der Investitionsentscheidung sind viele Faktoren zu beachten - Der Jumbo ist nicht in jedem Fall die beste Wahl, in: Deutsche Verkehrs-Zeitung, Jg. 49, Nr. 148, S. 3.

ZACHCIAL, M. (1993): Assessment of land/sea feeder traffic flows in Europe, in: WIJNOLST, N. / PEETERS, C. / LIEBMAN, P. (HRSG.): European Shortsea Shipping – Proceedings from the First European Research Roundtable Conference on Shortsea Shipping, London et al., S. 325-342.

ZERBY, J. A. (1988): Clarifying some issues relating to contestability in liner shipping (and perhaps also eliminating some doubts), in: Maritime Policy and Management, Vol. 15, Nr. 1, S. 5-14.

Verzeichnis der relevanten Schifffahrtsgesetze und –verordnungen

THE SHIPPING ACT OF 1984 (Public Law No. 98-237), in: MCCONNELL, J. W. JR. (1985): The U.S. Shipping Act of 1984, London et al., S. 63-89.

THE SHIPPING ACT OF 1984 AS MODIFIED BY THE OCEAN SHIPPING REFORM ACT OF 1998, in: American Shipper, Vol. 40, Nr. 9, S. 1-A – 15-A.

VERORDNUNG (EWG) NR. 4056/86 des Rates vom 22. Dezember 1986 über die Einzelheiten der Anwendung der Artikel 85 und 86 des Vertrages auf den Seeverkehr, in: Amtsblatt der Europäischen Gemeinschaften Nr. L 378 vom 31.12.1986, S. 4-13.

VERORDNUNG (EWG) NR. 479/92 des Rates vom 25. Februar 1992 über die Anwendung des Artikels 85 Absatz 3 des Vertrages auf bestimmte Gruppen von Vereinbarungen, Beschlüssen und aufeinander abgestimmten Verhaltensweisen zwischen Seeschiffahrtsunternehmen (Konsortien), in: Amtsblatt der Europäischen Gemeinschaften Nr. L 55 vom 29.02.1992, S. 3-5.

VERORDNUNG (EWG) NR. 870/95 der Kommission vom 20. April 1995 zur Anwendung von Artikel 85 Absatz 3 des Vertrags auf bestimmte Gruppen von Vereinbarungen, Beschlüssen und aufeinander abgestimmten Verhaltensweisen zwischen Seeschiffahrtsunternehmen (Konsortien) aufgrund der Verordnung (EWG) Nr. 479/92 des Rates, in: Amtsblatt der Europäischen Gemeinschaften Nr. L 89 vom 21.04.1995, S. 7-14.

VERORDNUNG (EG) NR. 823/2000 der Kommission vom 19. April 2000 zur Anwendung von Artikel 81 Absatz 3 EG-Vertrag auf bestimmte Gruppen von Vereinbarungen, Beschlüssen und aufeinander abgestimmten Verhaltensweisen zwischen Seeschiffahrtsunternehmen (Konsortien), in: Amtsblatt der Europäischen Gemeinschaften Nr. L 100 vom 20.04.2000, S. 24-30.

Peter Lang · Europäischer Verlag der Wissenschaften

Jörn Eckert / Kjell Å. Modéer (Hrsg.)

Geschichte und Perspektiven des Rechts im Ostseeraum

Erster Rechtshistorikertag im Ostseeraum 8.–12. März 2000

Frankfurt/M., Berlin, Bern, Bruxelles, New York, Oxford, Wien, 2002. 424 S.
Rechtshistorische Reihe. Bd. 251
Verantwortlicher Herausgeber: Jörn Eckert
ISBN 3-631-38860-8 · € 60.30*

Der von Jörn Eckert und Kjell Å. Modéer veranstaltete erste Rechtshistorikertag im Ostseeraum fand im Frühjahr 2000 im Kulturzentrum des Landes Schleswig-Holstein in Salzau statt. Ziel des Kolloquiums war die Förderung der Zusammenarbeit unter den an den Universitäten des Ostseeraums arbeitenden Rechtshistorikern. Der Band versammelt die auf diesem Kolloquium gehaltenen Referate. Thematisch steht die Sicht des Rechts als Kulturerscheinung und dessen Einbindung in die Geschichte und Gegenwart der Ostseenationen im Vordergrund.

Aus dem Inhalt: *Staats- und Verfassungsrecht*: (mit Beiträgen von) Tatiana Alexeeva · Henrik Stevnsborg · Ditlev Tamm · Per Nilsén · *Jusitz*: Thomas Anepaio · Hans-Peter Glöckner · Pia Letto-Vanamo · *Geschichte der Rechtswissenschaft*: Marju Luts · Jörn Eckert · *Ostseerecht*: Inger Dübeck · Hans Hattenhauer · Sergey Michailovich Kazatsev · Hans-Georg Knothe · Götz Landwehr · Werner Schubert · Ralph Weber · *Rechtskultur*: Jukka Kekkonen · Kjell Å. Modéer

FSC
www.fsc.org
MIX
Papier | Fördert gute Waldnutzung
FSC® C083411

Kolibri 360 GmbH
Ferdinand-Jühlke-Straße 7
99095 Erfurt, Deutschland
produktsicherheit@kolibri360.de

Druck:
CPI Druckdienstleistungen GmbH
im Auftrag der
Kolibri 360 GmbH
Ferdinand-Jühlke-Str. 7
99095 Erfurt